नेक बनें
श्रेष्ठ बनें

नेक बनें श्रेष्ठ बनें

एन. रघुरामन

प्रभात पेपरबैक्स
www.prabhatbooks.com

प्रकाशक
प्रभात पेपरबैक्स
4/19 आसफ अली रोड, नई दिल्ली-110002
फोन : 23289777 • हेल्पलाइन नं. : 7827007777
इ-मेल : prabhatbooks@gmail.com ❖ वेब ठिकाना : www.prabhatbooks.com

संस्करण
प्रथम, 2020

सर्वाधिकार
सुरक्षित

अ.मा.पु.स. 978-93-5322-910-8

──────── ★ ────────

NEK BANEN, SHRESHTHA BANEN
by Shri N. Raghuraman

Published by **PRABHAT PAPERBACKS**
4/19 Asaf Ali Road, New Delhi-110002

ISBN 978-93-5322-910-8

मेरी माँ, **जयालक्ष्मी नटराजन** को समर्पित,
जो मेरे जीवन की मार्गदर्शक थीं और मुझे सुखी जीवन का
सही अर्थ समझाया तथा मेरे पिता **वी. नटराजन** को समर्पित है,
जिन्होंने मेरी जीवन-नैया को सही दिशा दी
और उसे वित्तीय रूप से सफल बनाया।

इस पुस्तक की पृष्ठभूमि

ऐसा बनने की इच्छा रखते हुए हमारा सामना कई लोगों से होता है, जिनकी सोच हमसे नहीं मिलती। यदि वे हमारे दिमाग पर ज्यादा दबाव डालते हैं, तो हमारे सोचने की प्रक्रिया में छिद्र बना देते हैं और हमारा जीवन रिसने वाली बाल्टी बन जाता है। इसके कुछ उदाहरण इस प्रकार हैं—

- आप सुबह जल्दी उठकर पूजा, पाठ व योग करना चाहते हैं, लेकिन आपका मन कहीं और होता है तथा आपको कुछ पता चले इससे पहले ही, बिना सोचे-समझे यदि आप यह सब कर लेते हैं, तो आप एक रिसने वाली बाल्टी हैं।
- यदि आप वेंडरों के प्रति काफी दयालु हैं, क्योंकि वे काम के समय के बाद आपकी 'देखभाल' करते हैं और आप अपने स्टाफ के सदस्यों के साथ असभ्य तथा रूखा व्यवहार करते हैं, तो आप एक रिसने वाली बाल्टी हैं।
- यदि आप अपने दफ्तर में आनेवाले आगंतुकों के साथ मात्र सत्ता में बैठे लोगों के करीब आने के लिए अच्छा व्यवहार करते हैं और उनके चले जाने के बाद उनकी खामियों को लेकर तरह-तरह की बातें करते हैं, तो आप एक रिसने वाली बाल्टी हैं।
- यदि आप कुछ स्टार्टअप शुरू करने या कुछ नए कर्मचारियों को व्यवसाय की दुनिया में पैर जमाने के लिए निस्स्वार्थ दयालुता के कार्य के रूप में नहीं, बल्कि बदले में उनसे कुछ पाने के उद्देश्य से सहायता करते हैं, तो आप एक रिसने वाली बाल्टी हैं।
- यदि आप कुछ लोगों को नीचा दिखाते हैं और खुद को उनसे श्रेष्ठ समझते हैं; बाहर से उनके रूप या व्यवहार के आधार पर उनके ज्ञान के स्तर का

आकलन करते हैं, तो फिर आप निश्चित रूप से रिसने वाली बाल्टी हैं।

हम अपने 'जीवन' (बाल्टी) को 'आय' (पानी) से भरने के लिए इस आशा के साथ परिश्रम करते हैं कि यह उसके भीतर ही रहेगी, लेकिन यह ऐसी अनेक गलतियों (छिद्रों) के कारण रिसने लगती है, जो हम हर दिन करते हैं।

> मेरे साथ-साथ सभी के लिए एक अच्छी सलाह कि हम इन छिद्रों को भरने (दूसरों की गतिविधियों से परेशान न हों और अपने काम में जुटे रहें) का प्रयास करें, जिससे कि हम इस सुंदर पथ पर आगे बढ़ें, जिसे जीवन कहते हैं, जहाँ सफल होने पर हमें खुशी मिलती है।

अनुक्रम

	इस पुस्तक की पृष्ठभूमि	7
1.	सड़क पर गुस्सा समाज के व्यवहार का आईना है	13
2.	जिंदगी कम मौके देती है ऊँचाइयों तक ले जाने के, इसलिए फायदा उठा लें	15
3.	लीक से हटकर सोचना ही दूसरों से अलग करता है	17
4.	कभी-कभी 'आम लोग' भी 'बड़ी' सीख दे जाते हैं	19
5.	अच्छे काम का नेटवर्क बुरे वक्त में काम आता है	21
6.	किसी के हुलिए या सामाजिक स्तर से ईमानदारी तय नहीं होती	23
7.	गरमियों की कुछ छुट्टियाँ तय कर सकती हैं भविष्य	25
8.	तनावमुक्ति के साथ धैर्य की सीख देते हैं खेल	27
9.	दिलो-दिमाग के घाव ठीक करना भी है जरूरी	29
10.	अनुकूलता हमारी ताकत, इसका खूब इस्तेमाल करें	31
11.	गुस्से और दुष्टता से किसी का भला नहीं होता	33
12.	दिल बड़ा हो तो पूँजी मायने नहीं रखती	36
13.	खुद और समाज के लिए बेहद फायदेमंद है सब्र	38
14.	सबसे सुखद अहसास है अपनी प्रशंसा सुनना	40
15.	खर्च करने के लिए जियो या किसी की जिंदगी पर खर्च करो	42
16.	योग्य व्यक्ति हर स्थिति में काम करके दिखाता है	45

17.	प्रेम में ही है किसी लत को मिटाने की शक्ति	47
18.	'खयाल रखना' में है प्रभावशाली अर्थ	50
19.	परीक्षा सिर्फ दिमाग की नहीं, चरित्र की भी	52
20.	बच्चे की निगाह से देखें तो दुनिया बेहतर हो जाए	54
21.	हमारा जीवन टू मिनट नूडल्स नहीं है	56
22.	दादा-दादी, नाना-नानी से बेहतर स्कूल नहीं	58
23.	देने का सुख, आपका दु:ख कम कर देता है	60
24.	काम के स्वस्थ माहौल का आधार है भरोसा	62
25.	अपनी जिंदगी अपनी शर्तों पर जीएँ	64
26.	आपकी छवि व विचार व्यक्त करता है तोहफा	66
27.	मुसीबत के वक्त गरीब ही अमीरी दिखाते हैं	68
28.	साल के हर दिन होता है फादर्स डे	70
29.	आरोप लगाने से सफाई माँगना बेहतर	72
30.	करुणा से दिखाई देता है हमारी जिंदगी का रहस्य	74
31.	बड़ों जैसी जिम्मेदारी वाले छोटुओं का सम्मान करें	76
32.	निगाहों के परे देखें तो और भी सुंदर है दुनिया	78
33.	साथ में पूरे हो सकते हैं जरूरत और शौक	80
34.	बच्चों को जीना सिखाएँ, जीने के सहारे न बताएँ	82
35.	जहर उगलने के लिए नहीं है नेटवर्किंग साइट	84
36.	गरीबी को करीब से देखने पर जागता है सफल होने का जज्बा	86
37.	जिंदगी में सुकून चाहिए तो अपने दिल की सुनें	89
38.	स्मार्ट लोगों से ही बनता है कोई भी शहर स्मार्ट	91
39.	हमेशा बड़े फायदे के साथ लौटती है अच्छाई	93
40.	इंसानियत हमने गँवाई नहीं है, बस भूल गए हैं	95
41.	खुद में नया व्यक्तित्व देखना है तो यह करें	97

42.	दुनिया में फर्क लाने के लिए सिर्फ बड़ा दिल चाहिए	99
43.	आपदा का अनुभव देता है बचाने की भावना	101
44.	अच्छे बोल देश को बुजुर्गों के लिए श्रेष्ठ बना सकते हैं	103
45.	बदले की भावना शांत करने का हुनर आपको अलग बनाता है	105
46.	प्रेमपूर्ण और करुणामय बनना हिम्मत का काम है	107
47.	आसपास बिखरे जीवन का अहसास सहेजें	109
48.	सदियों की परंपराओं को दें अनूठा, आधुनिक रूप	111
49.	किसी को दूसरा जीवन देना सबसे बड़ा उपहार	113
50.	शुरुआती सफलता या गरीबी को हावी न होने दें	115
51.	किसी एक क्षेत्र में सौ फीसदी विशेषज्ञ होना क्यों जरूरी है ?	117
52.	आपके जीवन को मजबूती देता है सशक्त उद्देश्य	120
53.	बेबाक व निर्भीक रवैए और ईमानदारी के अपने फायदे हैं	122
54.	मानवीयता आपको सफल बनाती है	124
55.	क्यों अब अच्छा व्यवहार और महत्त्वपूर्ण हो गया है ?	126
56.	अच्छे व्यवहार से पर्यावरण संरक्षण तक सबकुछ आप से ही शुरू होता है	128
57.	माफ कीजिए और देखिए, दुनिया कितनी सुंदर बन जाती है !	130
58.	'लिबर्टी' और 'फ्रीडम' दो एकदम अलग बातें हैं	132
59.	टाइम को 'पास' करो तो जीवन में फेल नहीं होंगे	134
60.	काम की स्मार्ट और सेफ शैली से तैयार होते हैं संतुष्ट ग्राहक	136
61.	प्रभावशाली लोगों से निकटता गलत करने का अधिकार नहीं देती	138
62.	जीवन की गुणवत्ता सुधारना चाहते हैं तो रोज के अच्छे कामों की सराहना कीजिए	141
63.	प्रसन्न मन ही व्यक्तित्व के गुण बदल सकता है	143
64.	हमें बच्चों के लिए 'पुण्य' पासबुक बनाना चाहिए	145

65.	लोग हों या प्रोडक्ट, उनका असर तो दिखाई देना ही चाहिए	147
66.	यदि आप लोगों को क्षमा करें तो आपको बहुत फायदा होता है	150
67.	उन नायकों को बढ़ावा दें जो जिंदगियाँ बचाते हैं	153
68.	अच्छे कर्म आपको बना देते हैं 'गॉड ऑफ स्मॉल थिंग्स'	155
69.	लोगों को जीवन में दूसरा मौका देने के लिए उन्हें किसी चीज से सशक्त बनाएँ	157
70.	कुछ निर्जीव चीजों में भी जीवन होता है!	160
71.	आसपास घट रही सिर्फ घटनाएँ नहीं, जीवन के सबक हैं	162
72.	आपकी सितारा हैसियत का एक कारण साहस होता है	165
73.	जब कोई सफेद शर्ट पहनता है तो लोगों को दाग क्यों दिखते हैं?	167
74.	खुशी एक गंभीर मामला है	169
75.	बच्चों की खातिर बाहर खाने की आदतें मैनेज कीजिए!	171
76.	क्यों व्यर्थ दिखावा खतरनाक होता है?	173
77.	कभी-कभी दूसरों पर निर्भर न रहकर खुद स्थिति से निपटना चाहिए	175

सड़क पर गुस्सा समाज के व्यवहार का आईना है

मैं शनिवार को चेन्नई एयरपोर्ट पहुँचा और वहाँ से कैब ली। चूँकि राज्य में रेलवे से ज्यादा सड़क का इस्तेमाल यातायात के लिए होता है, इसलिए यहाँ खराब ट्रैफिक की ज्यादा घटनाएँ देखने को मिलती हैं। दस मिनट की ड्राइव के बाद हमारी टैक्सी एक ओर से प्राइवेट कंपनी के कर्मचारियों से भरी गंदी-सी बस और दूसरी ओर से खूबसूरत सफेद लिमोजिन के बीच फँस गई। लिमोजिन हमें ओवरटेक करने की कोशिश कर रही थी। मेरे टैक्सी ड्राइवर ने लिम के ड्राइवर को रास्ता दे दिया। लेकिन अचानक हमारी टैक्सी को रुकना पड़ा, क्योंकि लीमो के ड्राइवर ने ओवरटेक कर अपनी कार हमारे सामने आड़ी खड़ी कर दी। इससे प्राइवेट बस और हमारी टैक्सी दोनों रुक गईं।

अच्छे कपड़े पहना ड्राइवर कार से उतरा। हमारे कैब ड्राइवर को रास्ता देने के लिए धन्यवाद दिया। फिर उस व्यस्त सड़क पर बस के नजदीक पहुँचा। बस ड्राइवर का केबिन खोला और उसे मारने लगा। उसने बस ड्राइवर की शर्ट पकड़ी और उसे इतना मारा कि ड्राइवर की शर्ट के सारे बटन टूट गए और शर्ट फट गई। कार ड्राइवर का चेहरा ऐसा तमतमा रहा था, जैसे कोई शेर अपना शिकार पकड़ रहा हो। इस बीच कुछ मोटरसाइकिल पर और पैदल जा रहे लोग गुस्साए कार ड्राइवर से जाने को कहने लगे। ट्रैफिक कांस्टेबल, जो 100 मीटर दूर खड़ा था, भागकर आया और बिगड़ते ट्रैफिक को सँभालने की कोशिश करने लगा। उसने कार ड्राइवर से कहा कि वह इस तरह कानून अपने हाथ में नहीं ले सकता। बाद में लीमो का ड्राइवर सफाई देते हुए कहने लगा कि बस ड्राइवर उसे पाँच कि.मी. से साइड नहीं दे रहा है और उसे

एक जरूरी मीटिंग के लिए जाना है। किसी ने भी उससे ट्रैफिक रोकने, दूसरी गाड़ियों को न जाने देने और किसी को बुरी तरह पीटने पर सवाल तक नहीं किया। दुर्भाग्यपूर्ण यह था कि लीमो का ड्राइवर मजे से चला गया।

इस घटना ने मुझे 2014 में अमेरिका में हुई एक घटना की याद दिला दी, जब हॉस्टन के एक रिजर्व पुलिस अधिकारी केनथ कालपन ने एक महिला को गोली मार दी थी, क्योंकि वह उसपर हॉर्न बजा रही थी। चूँकि वह काफी देर से हॉर्न बजा रही थी, तो कालपन अपनी कार से निकला और उसे गोली मार दी। गोली उसके सिर में निकली। कुछ ही सेकंड में लेडी की पहली सीट खून से लथपथ थी और कालपन वहाँ से भाग निकला। महिला को अस्पताल ले जाया गया, हालाँकि उसकी जान बच गई। कुछ देर बाद यह घटना सभी न्यूज चैनलों पर थी। अमेरिका में सभी इस घटना की निंदा कर रहे थे।

सड़क पर गुस्से की घटनाएँ अभी हमारे यहाँ इस स्तर पर भले न पहुँची हों, जिससे खबर बनें। और कारण ये भी है कि इस तरह का गलत व्यवहार भारतीय सड़कों पर आम बात है। लेकिन यह सच है कि इस तरह की घटनाएँ इस बात का आईना हैं कि हमारा समाज कैसा है और सार्वजनिक जगहों पर किस तरह से पेश आता है! सड़क पर गुस्सा आना डायग्नोस्टिक एंड स्टेटेस्टिकल मैन्यूल ऑफ मेंटल डिसऑर्डर (डी.एस.एस.) में आधिकारिक दिमागी बीमारी के रूप में पहचानी नहीं जाती। हालाँकि सड़क पर गुस्से से जुड़ा व्यवहार इंटरमीडिएट एक्सप्लोसिव डिसऑर्डर हो सकता है, जो डी.एस.एम का भाग है। मनोचिकित्सकों को मानना है कि सड़क पर गुस्से की बढ़ती घटनाएँ किसी व्यक्ति की कमजोर क्षमता है, जिसके चलते वह समय, काम का दबाव और समाज की बाकी प्रतिबद्धताओं को मैनेज नहीं कर पाता।

> फंडा यह है कि यदि आप बार-बार सड़क पर गुस्सा करते हैं तो आप बीमार हैं और आपको मदद की जरूरत है। यह गुस्सा आपको किसी भी सूरत में समाज में उच्च दर्जा नहीं दिलवाता।

☐

जिंदगी कम मौके देती है ऊँचाइयों तक ले जाने के, इसलिए फायदा उठा लें

आपका टिकट कहाँ है? खचाखच भरी 'उदयन एक्सप्रेस' के सेंकड क्लास कंपार्टमेंट की बर्थ के नीचे से छिपी लड़की से टी.सी. ने पूछा। ट्रेन बॉम्बे से बेंगलुरु जा रही थी। ट्रेन गुलबर्गा स्टेशन से निकली ही थी। काँपती हुई वह हाथ जोड़े बाहर निकली। 13–14 साल की दिखाई दे रही थी। बहुत दुबली, साँवला रंग, फटा हुआ स्कर्ट और ब्लाउज, बिखरे बाल। ऐसा लग रहा था जैसे खूब रोई हो। जब टी.सी. उसे जबरदस्ती कंपार्टमेंट से खींचने लगा तो पीछे से आवाज आई—'मैं इसका टिकट दे दूँगा।' टी.सी. पलटा और कहने लगा—'मैडम, आप इसे टिकट की बजाय दस रुपए दे देंगी तो यह ज्यादा खुश होगी।' महिला ने कहा, 'मैं इस ट्रेन की पूरी यात्रा के टिकट का पैसा दे दूँगी और यह लड़की जहाँ चाहेगी, उतर जाएगी।'

टी.सी. ने पूरा टिकट ले लिया, जहाँ से ट्रेन चलती थी और जहाँ तक जाती थी, वहाँ तक का। चित्रा नाम की उस लड़की ने मदद करनेवाली उस महिला को अपनी कहानी सुनाई। वह बिदर गाँव की थी। उसके जन्म के समय माँ की मौत हो चुकी थी। पिता पेशे से कुली थे और दूसरी शादी कर चुके थे। सौतेली माँ उसके साथ बुरा बरताव करती थी। जिंदगी से परेशान होकर वह घर से भाग गई, कुछ बेहतर ढूँढ़ने के लिए। कहानी सुनते हुए ट्रेन बेंगलुरु पहुँच गई थी। वह महिला चित्रा को बाय कह ट्रेन से उतर अपनी कार में बैठ गई। उसे लगा जैसे कोई उसे देख रहा है। पीछे मुड़ी तो चित्रा वहीं खड़ी थी, लेकिन वह महिला उसे बेटिकट यात्रा करते गिरफ्तार होने से बचाने से ज्यादा कुछ नहीं कर सकती थी।

चित्रा की नजर ने उसका हृदय परिवर्तन कर दिया। उसे कार में बैठा लिया।

साथ में अपनी दोस्त के घर ले गई, जो लड़के-लड़कियों के लिए शेल्टर होम चलाती थी, जिसे वह खुद मदद भी देती थी। वह नहीं जानती थी कि चित्रा वहाँ ज्यादा दिन रहेगी कि नहीं। लेकिन आश्चर्य कि वह स्कूल जाने लगी। पढ़ने में अव्वल आई और अपनी पढ़ाई के खर्च का कुछ हिस्सा भी जुटाने लगी।

वह महिला अपने बिजनेस में व्यस्त हो गई। चित्रा के जीवन को एक नई दिशा मिल गई। उसने कंप्यूटर इंजीनियरिंग पास किया और उसे एक सॉफ्टवेयर कंपनी में असिस्टेंट टेस्टिंग इंजीनियर का जॉब मिल गया। पहली सैलेरी से वह कुछ मिठाई और एक साड़ी लाई। उस महिला के पास ले गई और उसे यह खबर दी। एक दिन वह महिला दिल्ली में थी, जब चित्रा का फोन आया। उसे कंपनी अमेरिका भेज रही थी। उसके बाद दोनों के बीच संपर्क का जरिया सिर्फ इ-मेल और कभी-कभार फोन ही रहा। कुछ साल बाद उस महिला को सैन फ्रांसिस्को लेक्चर देने बुलाया गया। लेक्चर के बाद जब वह होटल का बिल देने रिसेप्शन पर गई तो पता चला, उनका बिल पीछे खड़ी दंपती ने भर दिया है। पीछे मुड़ी तो देखा, चित्रा किसी युवा व्यक्ति के साथ खड़ी है। औपचारिक बातों के बाद महिला ने पूछा, 'तुमने बिल क्यों भरा?' चित्रा ने नम आँखों से महिला को गले लगाया और कहा, 'क्योंकि सालों पहले आपने मेरा बॉम्बे-बेंगलुरु का टिकट दिया था।' यह महिला सुधा मूर्ति थी, इंफोसिस फाउंडेशन की चेयरमैन। यह कहानी उनकी पुस्तक 'द डे आई स्टॉप्ड ड्रिंकिग मिल्क' में उससे भी खूबसूरत तरीके से लिखी गई है। आपने 'बॉम्बे टू गोवा' की कहानी सुनी होगी, लेकिन 'बॉम्बे टू बेंगलुरु' और ज्यादा मोहक है।

फंडा यह है कि हर एक की जिंदगी में उसकी राह बदलने का एक मौका आता है, यह उस व्यक्ति पर निर्भर करता है कि वह कैसे उस मौके का फायदा उठाता है।

□

लीक से हटकर सोचना ही दूसरों से अलग करता है

वन-टू-वन कम्युनिकेशन : पाँच साल का एक बच्चा है। चेन्नई में सड़क पर सिग्नलों के पास घूमता रहता है। बहुत से दुपहियावाले उसकी तरफ ध्यान नहीं देते कि माँगनेवाला होगा, लेकिन वह रेड लाइट पर, जिसे भी हेलमेट पहने बिना देखता है, उसे एक पैंफ्लेट थमाता है और कहता है, 'अंकल प्लीज, हेलमेट पहन लीजिए। यह आपकी और आपके परिवार की सुरक्षा के लिए है।' इसके बाद उस आदमी की आँखें या तो नम हो उठती हैं या फिर वह शर्म से नजरें चुराने की कोशिश करता है। उसका नाम है आकाश। चेन्नई में ओल्ड महाबलीपुरम रोड पर पी.एस.बी.बी. मिलेनियम स्कूल में यू.के.जी. में पढ़ता है। अब तक वह सड़क सुरक्षा पर 60,000 पैंफ्लेट बाँट चुका है। उसने यह काम करने की ठानी कैसे?

सात महीने पहले आकाश अपने माता-पिता वी. आनंदन और योगलक्ष्मी के साथ कहीं से लौट रहा था। इनके ठीक आगे वाले बाइक सवार को किसी ने टक्कर मार दी। सिर में लगी चोट से उसे मरते देख और अपने पिताजी की बात कि 'हेलमेट पहना होता तो इसकी जान बच गई होती' उसके दिमाग में बैठ गई। शहर में जुरमाने के बावजूद नतीजे अच्छे न मिले हों, पर इस बच्चे की मुहिम बड़ा बदलाव ले आई। कुछ लोग हैं, जो उसी रेड लाइट पर आकर आकाश से मिलते हैं और कहते हैं—'देखो, हमने हेलमेट खरीद लिया है और पहनते भी हैं।'

मिसाल कायम करना: हम सब जानते हैं कि स्ट्रॉबेरी और पहाड़ों का गहरा नाता है। क्या कभी आपने सोचा है कि स्ट्रॉबेरी रेगिस्तान में भी हो सकती है? एक शख्स है, जिसने सारी धारणाएँ गलत साबित कर दी हैं। वो भी सिर्फ आठवीं पास।

राजस्थान के चित्तौड़गढ़ जिले से 40 कि.मी. दूर बांगड़ेदा मामदेव गाँव में जगदीश प्रजापत 10 बीघा जमीन में स्ट्रॉबेरी की खेती कर रहे हैं। उनकी स्ट्रॉबेरी फाइव स्टार होटलों से लेकर उदयपुर, जयपुर, आगरा और दिल्ली तक सप्लाई होती है। उनके खेतों की स्ट्रॉबेरी पहली बार 200 से 250 रुपए किलो तक बिक रही है और रोजाना औसतन 100 किलो स्ट्रॉबेरी पैक होती है। जगदीश ने पिछले साल सिर्फ एक बीघा में स्ट्रॉबेरी उगाकर एक प्रयोग किया था। एक सीजन में चार लाख रुपए कमाए तो उनका उत्साह बढ़ा। उन्होंने बड़े पैमाने पर स्ट्रॉबेरी उगाने का फैसला किया और अक्तूबर 2014 में उन्होंने इसे और फैला लिया। उन्होंने स्ट्रॉबेरी के पौधे और पैकेजिंग मैटीरियल महाराष्ट्र के नासिक और साँगली जैसी ठंडी जगहों से लिये। इसने न सिर्फ उन्हें धनवान् बनाया, बल्कि आज वे 40 लोगों को रोजगार भी दे रहे हैं।

मास कम्युनिकेशन: आप सिग्नल पर अकसर या तो अपनी कार का शीशा ऊपर कर उन्हें नजरअंदाज कर देते हैं या फिर कुछ सिक्के या 5-10 रुपए देकर उन्हें दूर भगा देते हैं। उन्हें देखना नहीं चाहते। लेकिन जब टी.वी. पर एक मिनट का विज्ञापन आता है, जिसमें हिजड़े आपको सीट बेल्ट बाँधने की सलाह देते हैं तो आप अपनी नजरें उससे हटा नहीं पाते। चेन्नई पुलिस ने यह विज्ञापन जनहित में जारी किया है। विज्ञापन शुरू होते ही एक हिजड़ा कहता है, 'आप अपनी गाड़ी के चालक की तरह ही सुरक्षा नियमों का पालन करें। आपकी गाड़ी में न तो ऑक्सीजन मास्क है और न ही लाइफ जैकेट। लेकिन इसमें सीट बेल्ट है, तो फिर आपने इसे बाँधा क्यों नहीं? क्या मैं आपको सिखाऊँ?' फिर हिजड़ों की पूरी पलटन सीट बेल्ट बाँधना सिखाती है। इस विज्ञापन ने अपने प्रभाव के कारण काफी ध्यान खींचा है।

फंडा यह है कि बदलाव लाने के लिए आपको सिर्फ अलग तरीके से काम करने की जरूरत होती है।

□

कभी-कभी 'आम लोग' भी 'बड़ी' सीख दे जाते हैं

प्रधानमंत्री नरेंद्र मोदी का फोन करके पाकिस्तानी पी.एम. नवाज शरीफ को वर्ल्ड कप के लिए शुभकामनाएँ देना बड़ी घटना है। एक छोटी सी घटना और है, जो पाकिस्तान में मेरे साथ घटी और जिंदगी की बड़ी सीख दे गई।

घटना : लाहौर का अनारकली मार्केट। सँकरी गलियाँ। एक दुकानदार हमारा स्वागत करते हुए अपने सहयोगी से कहता है, 'इंडिया से अपने भाईसाहब और बहनजी आए हैं, इनको ठंडा पिलाओ। आइए सर, कुछ कोल्ड ड्रिंक पी लीजिए।' मैंने कोल्ड ड्रिंक पीने से यह कहते हुए इनकार कर दिया कि हम कुछ खरीदने नहीं, बस यूँ ही देखने आए हैं। तो दुकानदार और विनम्रता से बोला, 'तो क्या हुआ साब? गरमी हे, ठंडा पीकर थोड़ा आराम फरमाएँ।' हम तब तक वहाँ हिंदुस्तानियों को दिए जाने वाले सत्कार से वाकिफ हो चुके थे।

हम दोबारा मना न कर सके। मेरे साथ बॉलीवुड इंडस्ट्री से डेविड धवन, मंदिरा बेदी और खेल विशेषज्ञ अयाज मेमन भी थे। हम सभी उसके आग्रह पर दुकान में घुसे। दोपहर के तीन बजे थे और सूरज तप रहा था। कोल्ड ड्रिंक पीते हुए मंदिरा ने पूछा, 'अगर इंडिया सीरीज जीत जाए तो क्या होगा?' दुकानदार फट से बोला, 'ये कोई जंग थोड़े ही है मैडम, खेल है। कोई जीतेगा तो कोई हारेगा।' मुझे एक दुकानदार से इतना समझदारी भरा जवाब पचा पाने में थोड़ा वक्त लगा। तब पाकिस्तान में पाँच वनडे और तीन टेस्ट मैचों की सीरीज चल रही थी। अगले दिन हमसे स्टेडियम जाने वाली बस छूट गई थी। हम एक ऑटो लेकर निकले थे। उस ऑटोवाले ने हमसे पैसे लेने से ही मना कर दिया। बोला, 'आप तो पाकिस्तान के मेहमान हैं। मेहमानों को हम

सिर-आँखों पर रखते हैं। आपसे पैसा कैसे ले सकते हैं? ये तो हमारी मेहमाननवाजी है।' हमने उससे भी पूछा, भारत जीता तो? उसने भी कहा—'कोई फर्क नहीं पड़ता, हालाँकि मैं मन-ही-मन पाकिस्तान के जीतने की दुआ करता हूँ।'

हम उस सीरीज के दौराज जब तक वहाँ रहे, उस मुल्क के हर बाशिंदे का यही कहना था कि खेल खेल होता है, जंग नहीं। कोई भी जीत सकता है। हर हिंदुस्तानी के लिए वही मुसकराहट, वही मेहमाननवाजी और वही गर्मजोशी। कुछ नहीं बदलता था। यह 2004 की बात है, जब भारत-पाक के बीच पाँच साल बाद कोई सीरीज खेली जा रही थी। यह न सिर्फ भारत-पाकिस्तान के लिए, बल्कि क्रिकेट न खेलने वाले उन देशों के लिए भी अहम थी, जो दोनों मुल्कों के रिश्तों पर निगाह रखते हैं। 2015 का वर्ल्ड कप दो देशों में हो रहा है। ऑस्ट्रेलिया (मेलबर्न) और न्यूजीलैंड (क्राइस्टचर्च) में। लेकिन भारत-पाक मुकाबले का जितना आकर्षण है, किसी दूसरे मैच के लिए नहीं है। बच्चे से लेकर बूढ़े तक के जेहन में कौंधने वाली अमिताभ बच्चन की आवाज ने इस मैच का उत्साह और बढ़ा दिया है। वे कमेंट्री जो करने वाले हैं!

हालाँकि अपने घर में खेल रहा ऑस्ट्रेलिया और अच्छी फॉर्म में चल रहा दक्षिण अफ्रीका भारत के लिए सबसे ज्यादा खतरनाक है। दोनों ही वर्ल्ड कप में शीर्ष पर बने रहना चाहते हैं। बीते 10 वर्षों में रिश्ते काफी बदल चुके हैं। लेकिन मेरे लिए यह बड़ा सबक था। आज मैं क्रिकेट को एक खेल के तौर पर ही देखता हूँ। सबसे अच्छा खेल खेलनेवाली टीम की जीत के साथ उसके खेल का आनंद उठा पाता हूँ।

फंडा यह है कि जिंदगी में कभी-कभी आर्थिक रूप से कमजोर वर्ग के लोग भी इसी समाज के तथाकथित उच्च वर्ग को अपने सहज व्यवहार से ही बड़ी सीख दे देते हैं।

□

अच्छे काम का नेटवर्क
बुरे वक्त में काम आता है

13 सितंबर, 2014 का दिन पुष्पराज बाबूराव सोनावने के लिए बहुत बड़ा दिन था। महाराष्ट्र के धुलिया स्थित जयहिंद स्कूल के इस सेवानिवृत्त प्रिंसिपल की बेटी शीतल शिंदे ने गुजरात के सूरत शहर में दूसरे बच्चे को जन्म दिया था। किंतु उन्हें पता नहीं था कि यह खुशी थोड़ी देर की ही है। सिजेरियन ऑपरेशन के 30 मिनट बाद ही शीतल का शरीर फूलने लगा। डॉक्टर तत्काल उसे फिर ऑपरेशन थिएटर में ले गए, लेकिन जिस डॉक्टर ने कुछ मिनट पहले सोनावने को बधाई दी थी, वह सिर झुकाए बाहर आया और कहने लगा, 'हम कुछ नहीं कर सकते। यदि आप उन्हें किसी निजी और बेहतर अस्पताल में ले जाना चाहें तो हम आपकी मदद करेंगे।'

सोनावने बहुत निराश हो गए। वे प्राथमिक कक्षाओं के टीचर थे, लेकिन बहुत गुणवान टीचर थे और गुणत्तापूर्ण अध्यापन में भरोसा करते थे। प्राथमिक कक्षाओं में उनके द्वारा गणित में डाली गई नींव छात्रों को हाईस्कूल में भी इस कठिन विषय को सरलता से अपनाने में मदद करती थी। अपने इस काम पर उन्हें हमेशा गर्व महसूस होता था। अच्छी चिकित्सा सुविधाओं के अभाव को लेकर हृदय में गहरी निराशा और होंठों पर प्रार्थना लेकर सोनावने ने धुलिया में अपने मित्र डॉ. दीपक पाटील को फोन लगाकर मदद माँगी।

अगले 20 मिनट में सूरत के उनके रिश्तेदार शीतल को दूसरे अस्पताल में ले गए। उधर, धुलिया में डॉ. दीपक पाटील ने सूरत के नगर निगम कमिश्नर मिलिंद तोरावणे को फोन लगाकर उनसे यह मामला देखने को कहा। मिलिंद भी धुलिया के थे और 25 साल पहले सोनावने के छात्र रहे थे। जब शीतल को दूसरे अस्पताल ले

जाया जा रहा था तो सोनावने को मिलिंद का फोन आया। उन्होंने बताया कि वे इस मामले को देख रहे हैं।

जब तक शीतल को अस्पताल तक पहुँचाया जाता, शहर के दो सर्वश्रेष्ठ गायनकोलॉजिस्ट वहाँ आ गए थे। वे शीतल को सीधे ऑपरेशन थिएटर में ले गए। अगले चार घंटे बहुत तनावभरे थे। खून की 20 से ज्यादा बोतलें अंदर भेजी जा चुकी थीं। पहले की गई सर्जरी के दौरान गर्भाशय की थैली फटने और उसमें फिर टाँके लगाने के दौरान रोगी का साढ़े तीन लीटर खून बह गया था। सौभाग्य से यह गणेश चतुर्थी का दिन था और कई पंडालों में रक्तदान शिविर लगाए गए थे और खून आसानी से मिल रहा था। डॉक्टर और उपचार में लगे सारे लोग एक वरिष्ठ अधिकारी से बात कर रहे थे। सोनावने ने सोचा कि वे अस्पताल के प्रमुख हैं। डॉक्टरों ने अगले 48 घंटों तक कोई गारंटी देने से इनकार कर दिया था। उन्हें आशंका थी कि रोगी की किडनी या मस्तिष्क को कोई नुकसान पहुँच सकता है। इसके बावजूद शीतल खतरे से बाहर आ गई, क्योंकि वे युवावस्था में हॉकी की खिलाड़ी रही थीं और उनकी शारीरिक चुस्ती ने उन्हें विपरीत स्थिति से लड़ने में मदद की थी।

एक माह लंबे इलाज के बाद सोनावने, मिलिंद को धन्यवाद देने उनके ऑफिस में गए, जब शाम पाँच बजे जनता दरबार चल रहा था। मिलिंद ने उस दरबार में प्राथमिक कक्षा के अपने शिक्षक को पहचान लिया। वे उन्हें भोजन के लिए अपने घर ले गए। उस विशाल सरकारी आवास में सोनावने ने उसी मेडिकल अफसर को देखा, जो उन चार नाजुक दिनों में अस्पताल में मौजूद था। तब उसने कभी अपना परिचय नहीं दिया था। मिलिंद ने उन्हें खासतौर पर वहाँ तैनात किया था। कोई अचरज नहीं कि अस्पताल का हर व्यक्ति रोगी की स्थिति के बारे में उन्हें बता रहा था।

भोजन के बाद वहाँ न सिर्फ एक संतुष्ट पिता मौजूद था, बल्कि एक संतुष्ट टीचर भी था, जिसे गुणवत्तापूर्ण शिक्षा देने और बच्चों में ऐसी मजबूत नींव रखने में भरोसा था, ताकि भविष्य के कॅरियर का दुर्ग आसानी से निर्मित किया जा सके।

> फंडा यह है कि आपका गुणवत्तापूर्ण काम और समर्पण आपके जाने बिना आपसे लाभान्वित होने वालों का नेटवर्क खड़ा कर देता है और भविष्य में वह तब लौटकर आपकी मदद करता है, जब आपको उसकी सबसे ज्यादा जरूरत होती है।

किसी के हुलिए या सामाजिक स्तर से ईमानदारी तय नहीं होती

इस बुधवार शाम में अपनी रिश्ते की बहन (अमेरिका में न्यूट्रीशियन डॉक्टर) को मुंबई के घाटकोपर स्थित एक मॉल में स्नैक्स के लिए ले गया। उसने अपना पर्स कुर्सी पर लटका दिया और हम बतियाने लगे। 45 मिनट बाद हम वहाँ से निकले। 500 मीटर गए होंगे कि उसे याद आया कि पर्स तो कुरसी पर लटका ही रह गया। पासपोर्ट, ग्रीनकार्ड, अमेरिकी करेंसी, क्रेडिट काड्र्स और भारतीय मुद्रा, पर्स की ये कुछ चीजें इसी क्रम में उसे याद आईं। वह दौड़ लगाती मॉल में गई। दूर से ही उसने देख लिया कि कुरसी पर पर्स नहीं है तो उसकी धड़कनें तेज हो गईं। उसने कहा, 'क्या किसी ने मेरा पर्स देखा है, ब्राउन पर्स, प्लीज?' उसकी आवाज ने सभी का ध्यान खींच लिया, पर कोई मदद नहीं कर पाया। रेस्तराँ में टेबल साफ करनेवाला कर्मचारी, जिसका वेतन 5000 रुपए महीने से ज्यादा नहीं होगा, भीड़ में से निकला और कहने लगा, 'मैंने पर्स कैश काउंटर पर रखा है।' वह तेजी से काउंटर पर गई। पर्स में सारी चीजें पाकर राहत की साँस ली और उसे धन्यवाद कहा। गुरुवार, मैं मुंबई-रायपुर के लिए फ्लाइट नंबर 9 डब्ल्यू 377 में सवार हुआ। सुरक्षा जाँच के लिए मेरे आगे खड़े टैक्सी सेवी यात्री के पास बहुत सारे गैजेट्स थे। उसने वे सारे निकाले—आईफोन, आईपैड, लैपटॉप, इन गैजेट्स को चार्ज करने के लिए अलग से बैटरी। ये सारी चीजें उसने लैपटॉप बैग से निकालकर स्क्रीनिंग ट्रे में रखीं। जब इलेक्ट्रॉनिक चीजों की मशीन से जाँच हो रही थी, एयरपोर्ट पुलिस युवा एग्जीक्यूटिव की तलाशी ले रही थी। अब मेरी बारी थी। इसके पहले कि मैं सुरक्षाकर्मियों को अपना बोर्डिंग कार्ड दे पाता, अचानक वहाँ शोरगुल मच गया। उस एग्जीक्यूटिव का आईपैड गायब था।

पुलिस सक्रिय हो गई। आईपैड किसने लिया, यह कैमरे में आ गया था। सौभाग्य से जाँच करनेवाले सी.आई.एस.एफ. के जवान को यह याद था कि वह यात्री कौन-सी फ्लाइट का था। पुलिस तेजी से बोर्डिंग गेट पर गई, उस यात्री का पता लगाया, जिसने आईपैड इसलिए उठा लिया था, क्योंकि यह उसके आईपैड जैसा था। संयोग से उसने अपना आईपैड अलग से जाँच के लिए बैग से नहीं निकाला था। इस गड़बड़ी के लिए वह बार-बार माफी माँग रहा था।

वर्ष 2014 में एयरपोर्ट की सुरक्षा एजेंसी सी.आई.एस.एफ. ने गुम या चोरी होने की शिकायत पर 32.06 करोड़ के 52,968 बेशकीमती आइटम बरामद किए थे। इनमें से 15.33 करोड़ रुपए के 9729 आइटम तो सी.आई.एस.एफ. ने यात्रियों के हवाले किए, जबकि शेष एयरपोर्ट ऑपरेटरों के पास जमा किए गए। ये चकित कर देने वाले आँकड़े हैं। इससे साफ होता है कि भारत में रोज 145 हवाई यात्री अपनी चीजें गुम या चोरी होने की शिकायत करते हैं, जिनकी अनुमानित कीमत 9 लाख रुपए है। अमेरिका की कैलिफोर्निया यूनिवर्सिटी, बर्कले, के नेशनल एकेडमी ऑफ साइंसेस के अध्ययन के मुताबिक वंचित तबकों की तुलना में उच्च वर्ग के लोगों से अनैतिक व्यवहार की ज्यादा आशंका होती है। इस बात को सिद्ध करने के लिए हुए कई प्रयोगों में से एक प्रयोग में 195 लोगों से कहा गया कि उन्हें एक खेल में भाग लेना है, जिसमें पाँच बार उनकी ओर पासा फेंका जाएगा और सबसे ज्यादा अंक हासिल करनेवाले को 50 डॉलर का अमेजन कूपन मिलेगा। खेल में भाग लेने वालों से कहा गया कि हर बार कितने अंक आते हैं, इसका हिसाब उन्हें ही रखना है। खेल इस तरह से बनाया गया था कि किसी को भी 12 से ज्यादा अंक न मिलें, लेकिन उच्च सामाजिक-आर्थिक वर्ग के ज्यादातर लोगों ने जो स्कोर बताया, वह 12 से ज्यादा था।

> फंडा यह है कि अपने आसपास मौजूद साधारण हुलिए या वंचित तबके के लोग जरूरी नहीं कि बेईमान ही होंगे।

☐

गरमियों की कुछ छुट्टियाँ तय कर सकती हैं भविष्य

अवकाश या गरमी की छुट्टियाँ ऐसे शब्द हैं, जो हर किसी को खुशी से भर देते हैं, लेकिन अलग-अलग लोगों के लिए इसका अलग-अलग अर्थ होता है। किसी के लिए अंकल की बोट में फिशिंग या अपनी दादी के यहाँ जाना या बेफिक्र होकर सुस्ताना भी हो सकता है। कुछ प्रकृति की खोज करते हैं, तो कुछ घंटों सोते रहते हैं और वे सारे काम करते हैं स्कूल के दिनों में, जिन्हें करने पर घर के लोग डाँटते थे। गरमी की छुट्टियाँ खत्म होने पर स्कूल जाना कितना बुरा लगता था!

अमेरिका में जनमी भारतीय लड़की पूजा चंद्रशेखर के लिए भी गरमियों का मतलब छुट्टियाँ ही होता है, लेकिन थोड़े अलग अर्थ में। जब तक उसे छुट्टियों का अर्थ समझ में आया, तब तक वह भी छुट्टियाँ ऐसे ही मनाती रही, जैसा कि ऊपर बताया गया है। किंतु जब से उसे यह समझ में आया है कि गरमियों की छुट्टियाँ वास्तव में अपनी कमजोरियों को समझने का, अपनी मजबूतियों पर काम करने का वक्त है, तो उसमें 360 डिग्री बदलाव आ गया। अब उसे ऐसी छुट्टियाँ पसंद हैं, जिनमें उसे जिंदगी का नया क्षितिज छूने को मिलता है। उसने ऐसे प्रोजेक्ट्स में गरमी की छुट्टियाँ बितानी शुरू कर दीं, जो बहुत कठिन होते हैं और दूसरे छात्र उन्हें करने से इनकार कर देते हैं। स्कूल के पिछले दो वर्षों में उसने ऐसे दो दर्जन प्रोजेक्ट पूरे किए, जो उसकी उम्र देखते हुए उसके लिए वाकई कठिन थे। वास्तव में पूजा के गाइडेंस काउंसलर केरी हैं। बलिन ने पिछले हफ्ते कहा कि पूजा न सिर्फ क्लास में पूरी मेहनत कर रही है, जिसके कारण वह दूसरों से अलग नजर आने लगी है, बल्कि वह हमेशा सबसे कठिन और चुनौतीपूर्ण कोर्स ही चुनती है।

उसने जो काम किए हैं, उसमें उल्लेखनीय हैं—मिडिल स्कूल की लड़कियों को साइंस, टेक्नोलॉजी, इंजीनियरिंग और मैथ्स (स्टेम) के कार्यक्रमों में भाग लेने के लिए प्रोत्साहित करनेवाला गैर-सरकारी राष्ट्रीय संगठन (एन.जी.ओ.) का गठन।

उसने ऐसा मोबाइल एप भी बनाया है, जो बोलने की शैली का विश्लेषण करके 96 फीसदी अचूकता के साथ यह बताता है कि व्यक्ति को पार्किंसन रोग है या नहीं। ये सारी उपलब्धियाँ 17 साल की उम्र की होने से पहले ही उसने हासिल कर ली है! ऐसा नहीं है कि उसे छुट्टियाँ अच्छी नहीं लगती, वह छुट्टियों का पूरा लुत्फ उठाती है, लेकिन बड़ी समझदारी के साथ। अमेरिका के पोटोमैक फाल्स में जनमी पूजा इंजीनियर दंपती की एकमात्र संतान है। उसके कामकाजी माता-पिता दो दशक पहले बेंगलुरु से अमेरिका गए थे।

चूँकि वह गरमी की छुट्टियों का मतलब समझती थी, तो वह रोबोटिक्स के कार्यक्रमों में जाने लगी। उस छोटी उम्र में उसने वेब डिजाइन और गेम प्रोग्रामिंग में भी हाथ आजमाया। मिडिल स्कूल में उसने विंडमिल बनाया, ताकि अक्षय ऊर्जा की संभावनाओं को खँगाला जा सके। एक आम बच्चे की तरह उस लड़की ने वर्जीनिया स्थित हर्नडॉन के प्राइवेट नायस्मिथ स्कूल में प्रवेश लिया था। इसके बाद वह थॉमस जेफरसन हाईस्कूल में साइंस व टेक्नोलॉजी पढ़ने गई। इस टॉप रैंक के मशहूर स्कूल में उसने कंप्यूटिंग, आर्टिफिशियल इंटेलीजेंस और डी.एन.ए. साइंस जैसे विषय अध्ययन के लिए चुने।

हालाँकि, उस स्कूल में भी कई अन्य बच्चे वह करने में नाकाम रहे, जो पूजा ने कर दिखाया। वह ऐसी छात्रा साबित हुई, जिसने स्कूल के मिशन को यथासंभव आगे बढ़ाया। वह हर प्रोजक्ट में पूरी ईमानदारी के साथ आगे बढ़ी और अपनी रुचि को कई मजेदार तरीकों से आगे बढ़ाया, जिसके कारण उसे स्कूल में 'स्टेम सुपरवुमन' का टाइटल मिला। एक ऐसे देश में, जहाँ सर्वश्रेष्ठ आई.वी. स्कूलों में प्रवेश को ही बहुत बड़ी बात माना जाता है, पूजा चंद्रशेखर को भविष्य की पढ़ाई के लिए अमेरिका के सारे आई.वी. स्कूलों में प्रवेश मिल गया है। हार्वर्ड, येल, प्रिंसटन, कॉर्नेल, डार्टमाउथ, कोलंबिया, ब्राउन और पेंसिलवेनिया यूनिवर्सिटी वे आठ आई.वी. लीग शिक्षा संस्थान हैं, जिन्होंने उसे ग्रेजुएशन की पढ़ाई के लिए खुशी से प्रवेश दिया है। स्वाभाविक है कि उसे तो किसी एक का ही चुनाव करना होगा।

फंडा यह है कि स्कूल के वर्षों की गरमियों की कुछ छुट्टियों का योग करें तो वे 18 माह के बराबर होती हैं और यदि आप उनका सही इस्तेमाल करें तो महान् भविष्य का रास्ता खुल सकता है।

□

तनावमुक्ति के साथ धैर्य की सीख देते हैं खेल

14 अप्रैल को ज्यादातर मुंबईकर दादर में शिवाजी पार्क की ओर जाने वाली सड़कों पर गुजरने से बचते हैं। यहाँ लोग बॉम्बे हाईकोर्ट के वकील, गवर्मेंट लॉ कॉलेज के पूर्व प्रिंसिपल और हमारे संविधान के निर्माता डॉ. बाबासाहेब आंबेडकर की जयंती मनाते हैं। ट्रैफिक की आवाजाही नियंत्रित करने के लिए बैरीकेड्स लगते हैं। डॉ. आंबेडकर की 124वीं जयंती मंगलवार को थी और लोग इसी इलाके में स्थित सिद्धिविनायक मंदिर भी जाते हैं।

यह दो अलग तरह के समूहों को अलग-अलग कारणों से एक साथ देखने का दिन था। लेकिन खानपान इन्हें एक करता है। उमस भरी दोपहर के कारण आसपास के रेस्तराँ में पानी की बोतलों, ताजा फलों के रस, मिल्क शेक और कोल्ड ड्रिंक की बिक्री बढ़ गई थी। मंदिर का प्रसाद लिये, माथे पर तिलक लगाए लोग और नीली टी-शर्ट पहने, झंडा थामे लोग एकसाथ बैठे थे। मैं रेस्तराँ में अपने ऑर्डर का इंतजार कर रहा था कि एक चीख ने मेरा ध्यान खींचा। सिहरन पैदा करने वाली आवाज एक सुसंस्कृत परिधान पहने महिला की थी, जिसके चेहरे पर घबराहट थी। उसने उछलना शुरू कर दिया और दोनों हाथों से शरीर से जल्द-से-जल्द कुछ हटाने की कोशिश कर रही था। उसके बरताव से साथ बैठे लोग भी घबरा गए। अचानक कहीं से निकला एक कॉकरोच महिला के शरीर पर दिखा। महिला उस कॉकरोच को खुद से दूर फेंकने में कामयाब रही। लेकिन वह महिलाओं के एक दूसरे समूह के बीच जा बैठा।

इससे पहले कि भीड़ में शामिल कोई भी पुरुष हालात को समझ पाता, नीले रंग का झंडा उठाए एक व्यक्ति ने झंडा दीवार से टिकाया और धीरे-धीरे उस टेबल के करीब पहुँचा। शायद कॉकरोच इस चीख-पुकार से आजिज आ गया था, वह जल्द

ही झंडेवाले व्यक्ति की शर्ट की जेब में छुप गया। उस व्यक्ति की उम्र करीब 30 साल होगी। वह शांत था, दृढ़ता से खड़ा था। कुछ सेकंड वह स्थिर रहा। उसने शर्ट के भीतर कॉकरोच के व्यवहार को परखा, फिर उसे बाहर निकाला। वह अपनी टेबल पर वापस गया। दीवार से टिके झंडे को उठाया और शांत कदमों से रेस्तराँ के बाहर चला गया। इस दौरान अनियंत्रित भीड़ से परेशान हो चुके वेटर ने उसे विशेष तौर पर धन्यवाद दिया, जबकि कैश काउंटर पर बैठे मालिक ने शुक्रिया के अंदाज में उसकी ओर हाथ हिलाया।

हालात से बखूबी निपटनेवाले उस व्यक्ति से मिलने की उत्सुकता में, मैं तेजी से बाहर निकला। परिचय की औपचारिकता के बाद सतारा के स्कूल में स्पोर्ट्स टीचर और एक दलित सुरेश दारोदकर ने बताया कि वे मुंबई में खासतौर पर कार्यक्रम में हिस्सेदारी करने आया है। उन्होंने कहा कि खेल-कूद से संबधित गतिविधियाँ कम होने के कारण मुंबईकर घबराहट के शिकार हो रहे हैं। मेरे चेहरे पर विस्मय के भाव देखकर उन्होंने साफ किया कि खेलों से जो भावना उत्पन्न होती है, वह तनाव के बिल्कुल विपरीत है और खेल हमें पूरी उम्मीद के साथ अपनी ऊर्जा पर ध्यान केंद्रित करने का मौका देते हैं। खेल हमें धैर्य रखना सिखाते हैं, खासकर उस वक्त, जब हालात से पार पाना लगभग असंभव लगता है।

मैं एक आज्ञाकारी छात्र की तरह मुँह खोले हुए उनकी ओर देख रहा था तो उन्होंने कहा, 'खेल आपको रणनीतिक रूप से जल्दी और सटीकता से कई चीजें एक साथ करना सिखाते हैं।' वे मुझे जवाब दे रहे थे और अब भी कॉकरोच को पकड़े हुए थे। उसकी ओर इशारा करते हुए उन्होंने कहा, 'समस्या यह नहीं है, बल्कि वह ढंग है, जिससे हम प्रतिक्रिया देते हैं,' और चले गए। मुझे सामान्य होने में कुछ मिनट लगे, तब तक मैं अपने विचारों के जंगल में भटकता रहा। अपने वॉटर मेलन जूस के साथ मैं रेस्तराँ में वापस आया और तय किया कि मैं जल्द ही फिर से फुटबॉल खेलना शुरू करूँगा।

फंडा यह है कि आपमें सीखने की ललक है, तो हर छोटे-से-छोटा वाकया जिंदगी के बड़े सबक दे सकता है, जिन्हें शायद आप कभी किताबों में नहीं पा सकेंगे।

□

दिलो-दिमाग के घाव ठीक करना भी है जरूरी

मुंबई में हमारे विशाल आवासीय परिसर के 14 टावर्स में 1000 से ज्यादा घर हैं। बीते 14 महीने से पूरे परिसर की बाहरी मरम्मत का काम चल रहा था, जो जून में खत्म होना था। ये 14 महीने कुछ इस तरह गुजरे, जैसे आप टोस्ट पर बटर लगा रहे हैं। किसी को भी यह अहसास नहीं हुआ कि इमारतों में इतना बड़ा मरम्मत का काम चल रहा है। सैकड़ों मजदूर अपना काम बेहद खामोशी से, बिना किसी अन्य प्रदूषण के कर रहे थे।

लेकिन शनिवार को जब नेपाल में भूकंप की खबर आनी शुरू हुई तो कहर टूट पड़ा। कोई काम नहीं हुआ और हमें करीब 24 घंटे तो यही समझने में लग गए कि आखिर क्या गड़बड़ है? ज्यादातर मजदूरों ने अपने सुपरवाइजर्स को बताए बिना ही काम छोड़ दिया। इन मजदूरों में से अधिकांश सुदूर उत्तर-पूर्व या नेपाल के थे। बशीर खान एक मैनेजर हैं और उनके अंडर सात सुपरवाइजर्स ने यह मरम्मत का काम लिया था। शनिवार शाम से ही बशीर अपने फोन पर उलझे हुए हैं। उनके दो बच्चे, पत्नी और माता-पिता मौत से बच गए हैं, लेकिन उन्हें चोट आई है। कुछ गहरे जख्म भी हैं, लेकिन अस्पताल में रहने की जरूरत नहीं है। बशीर के माता-पिता कुछ गली छोड़कर रहते थे और वे शनिवार को अपनी बहू एवं पोतों के पास आए थे। बशीर की पत्नी काठमांडू के एक सरकारी स्कूल में काम करती है। वे 24 घंटे बशीर के संपर्क में हैं। उनके बच्चे बेहद अजीब ढंग से व्यवहार कर रहे हैं। बच्चों को कहीं जाने की इजाजत नहीं है। काठमांडू में सभी स्कूल-कॉलेज भी बंद हैं। अकेली माँ के लिए यह एक तरह से बेहतर स्थिति है। उनके घर के कुछ हिस्से गिर गए हैं, लेकिन अच्छी

बात यह है कि परिवार के सदस्यों को कुछ नहीं हुआ। घर अब रहने लायक नहीं बचा है, लेकिन बशीर की सहज बुद्धि कहती है कि घर में रहा जा सकता है। भूकंप के बाद आने वाले झटकों के कारण दोनों बच्चे अपनी माँ से दूर नहीं जाना चाहते और पिता से लगातार मुंबई से वापस आने को कह रहे हैं। दोनों बच्चे शर्मीले नहीं हैं और वे अपने पिता की गैर-मौजूदगी में भी आराम से रहते थे, लेकिन भूकंप के बाद अनजान लोगों से बातचीत नहीं कर रहे हैं। भूकंप के बाद वे घर के तहखाने में रह रहे हैं। जहाँ बड़ा बेटा भूकंप से संबधित खबरें देखने के लिए टी.वी. से चिपका है। वह किसी को टी.वी. के पास नहीं फटकने दे रहा है। जबकि तीन साल का छोटा बच्चा अपनी माँ की गोद में है और वह एक सेकंड के लिए भी माँ को नहीं छोड़ना चाहता।

हमारी बिल्डिंग की एक चाइल्ड साइक्लोजिस्ट ने इन हालात से बच्चों को बाहर निकालने का जिम्मा लिया है। वे रविवार से हर रोज बच्चों से दो घंटे बातचीत कर रही हैं। वे भूकंप के बाद बच्चों के बदले हुए व्यवहार से हैरान नहीं हैं। उन्होंने माँ को सलाह दी है कि उसी उम्र के अन्य बच्चों को उनके साथ खेलने के लिए बुलाएँ। माँ को यह भी सलाह दी कि वे बच्चों के बीच कोई कहानी प्रतियोगिता कराएँ, जिसमें वे बच्चों के साथ अपने बचपन में घटी ऐसी घटना के बारे में बताएँ। बच्चों को यह बताएँ कि यह महज एक घटना है और अब यह इतिहास है। मंगलवार को बशीर की पत्नी ने भूकंप संबंधी खबरों पर से अपना ध्यान थोड़ा कम किया और उन्होंने कॉलोनी के अन्य बच्चों को भी इससे दूर किया। आखिरकार बुधवार की सुबह बशीर ने भूकंप के बाद अपने बच्चे की पहली हँसी सुनी। अब बशीर और उनका परिवार एक-दूसरे से मिलने का इंतजार कर रहे हैं।

फंडा यह है कि बच्चों के दिलो-दिमाग पर लगी चोटों का इलाज करना भी उतना ही जरूरी है जितना शरीर के जख्मों की मरहम-पट्टी करना, ताकि उनमें जिंदगी की अनिश्चितताओं का सामना करने का विश्वास पैदा हो सके।

☐

अनुकूलता हमारी ताकत, इसका खूब इस्तेमाल करें

वह अकेला था, जबकि दूसरों के आसपास अपने जैसों की खासी संख्या थी। उसके पास इतनी सी जगह थी कि कुछ लोग ही रह सकते थे। लेकिन दूसरों के पास उड़ने के लिए पूरा आसमान और विचरने के लिए पूरी धरती थी। उसके पास एक गिलास पानी भी नहीं था, जबकि उनके पास पानी से भरे तालाब थे। उनके पास साफ पानी था, जबकि वह बारिश के पानी पर जिंदा था, जो मलवे में से रिस रहा था। उसके पास दो बोतल घी के अलावा खाने के लिए कुछ नहीं था, जबकि दूसरों के पास कई तरह का अनाज और फल थे। जब वह रोशनी देखता तो उसे विश्वास होता कि वह जीवित बच जाएगा। वहीं दूसरों को मारनेवाला कोई नहीं था, लेकिन उनमें जीने की इच्छा ही नहीं थी। उनकी जिंदा रहने की इच्छा तब जागती, जब वे अपनी पसंदीदा चीज अफीम देखते।

हम बात कर रहे हैं 15 वर्षीय बच्चे पेम्बा तमांग की। पेम्बा को काठमांडू के एक होटल के मलबे से भूकंप के पाँच दिन बाद बाहर निकाला गया। वह सात मंजिला इमारत के मलबे के नीचे पूरे 120 घंटे जिंदा रहा। उसने अपना वक्त इतनी सी जगह में गुजारा जिसमें महज दो लोग रह सकते हैं। जब भूकंप आया, तो वह वहाँ फँस गया। सौभाग्य से दो बोतल घी लुढ़कता हुआ उसके ऊपर गिर गया और बारिश ने उसे जिंदा रहने के लिए जरूरी पानी मुहैया करा दिया।

नेपाल में भूकंप के महज एक सप्ताह पहले अफीम का मौसम खत्म हुआ था। अगर आप राजस्थान के चित्तौड़गढ़ जिले से सफर पर निकलें तो पाएँगे कि इस दौरान कौवों का व्यवहार बहुत अजीब है। गौर से देखेंगे तो पता चलेगा कि कौवे

किसी को नोच-नोचकर खा रहे हैं। यह कोई मृत जानवर नहीं है, बल्कि जीने की इच्छा छोड़ चुके तोते हैं, क्योंकि इन्हें अफीम नहीं मिल रही है, जिसके वे आदी हो चुके हैं। ये तोते पिछले कुछ महीनों से अफीम की फलियों की दावत उड़ा रहे थे। अब उन्हें इसकी लत पड़ चुकी है और अफीम है नहीं, तो वे नहीं जानते कि कैसे जिंदा रहा जाए? पहले उनकी भूख उड़ी, फिर वे अजीब ढंग से बरताव करने लगे और अब जिंदा रहने की इच्छा भी खत्म हो गई है। आखिरकार ये तोते मर जाते हैं। कौवे इनकी दावत उड़ाते हैं। हर मौसम में तोतों का एक नया समूह अफीम की फली खाने आता है और इनका आदी हो जाता है। फिर जब फलिया यहाँ से हट जाती हैं तो यह समूह मर जाता है।

अनुकूलनता यानी हालात के मुताबिक ढलने की क्षमता मनुष्य जाति की संभवत: सबसे बड़ी ताकत है। जयपुर की हालिया यात्रा के दौरान मेरा यह विश्वास और मजबूत हो गया। चूँकि यह पर्यटकों का मौसम नहीं है, इसलिए होटल में ज्यादातर भारतीय ही थे। सुबह के नाश्ते की टेबल पर एक परिवार अपनी तीन पीढ़ियों के साथ मौजूद था। सुबह नौ बजे नाश्ता करने से दादाजी को आपत्ति थी, क्योंकि वे सुबह सात बजे नाश्ता करने के आदी हैं। वे यूरोपियन ब्रेकफास्ट मैन्यू के सख्त खिलाफ थे। होटल का स्टाफ उन्हें अपनी भारतीय रसोई की खासियत से संतुष्ट करने की कोशिश कर रहा था। इस बीच एक पोते ने चुटकी ली कि दूसरे महाद्वीपों की जीवनशैली और खानपान की आदतों का उन्हें कैसे पता चलेगा, जब तक कि वे इन्हें आजमाएँगे नहीं? 80 वर्षीय बुजुर्ग दंपती को इस तर्क में दम लगा और उन्होंने हर व्यंजन का लुत्फ लिया, जो 10 वर्षीय बच्चा, खासतौर पर उनके लिए दौड़-दौड़कर ला रहा था। दिलचस्प बात यह है कि वह छोटा बच्चा खुद भी इन व्यंजनों के बारे में नहीं जानता था। वह काउंटर पर खड़े शेफ से उनके बारे में जानकारी हासिल करता और फिर अपने दादा को ऐसे बताता कि यह उसका अपना ज्ञान है। उस परिवार और आसपास के लोगों के लिए यह मनोरंजक दृश्य था।

> फंडा यह है कि अनुकूलनता और बदलाव पूरी मनुष्य जाति की बड़ी ताकत है। जितना बेहतर हम इसका इस्तेमाल करेंगे, हमारी जिंदगी उतनी ही बेहतर होती चली जाएगी।

गुस्से और दुष्टता से किसी का भला नहीं होता

कुछ साल पहले रविवार की दोपहर अब 50 साल के हो चुके सिद्दाराजु और कुछ लोग सामुदायिक टेलीविजन पर फिल्म देख रहे थे। सिद्दाराजु सामने बैठे हुए व्यक्ति के कारण ठीक से देख नहीं पा रहे थे। उन्होंने अनुरोध किया कि वह इस तरह बैठें कि वे भी फिल्म देख सकें। उस आदमी ने उनका अनुरोध माना, लेकिन कुछ देर बाद फिर उसका सिर अड़चन बनने लगा। इस बार सिद्दाराजु ने ऊँची आवाज में उसे ठीक से बैठने को कहा। उस आदमी ने उन्हें गुस्से से देखा, लेकिन अब वह तनकर इस तरह बैठ गया कि सिद्दाराजु को देखने में और अड़चन महसूस होने लगी।

गुस्से में सिद्दाराजु ने उसके सिर को धक्का दे दिया। कुछ ही पल में आगे वाला आदमी मुड़ा और उसने सिद्दाराजु के सिर पर प्रहार कर दिया। फिर तो परदे पर चल रहे संघर्ष के साथ असली जिंदगी का संघर्ष भी शुरू हो गया। संघर्ष के अंत में सिद्दाराजु को सिर पर गंभीर चोट लगी थी और सामनेवाले आदमी के प्राण पखेरू उड़ चुके थे। आज सिद्दाराजु 14 साल की सजा के अंतिम कुछ वर्ष मैसूर सेंट्रल जेल में काट रहे हैं। इतने बरसों में हर दिन वे इस बात पर पछताए हैं कि क्यों उन्होंने गुस्से को खुद पर हावी होने दिया? विलियम शेक्सपीयर के नाटक 'मैकबेथ' में नायक मैकबेथ भी अपनी महत्त्वाकांक्षी पत्नी के कहे अनुसार गलत कदम उठाता है। पत्नी मानती थी कि मैकबेथ की नियति को जल्द-से-जल्द साकार करने का एक ही तरीका है कि किंग डंकन की हत्या कर दी जाए। मैकबेथ जानता था कि इस अपराध का फैसला धरती पर भले न हो, स्वर्ग में जरूर होगा। किंतु पत्नी उस पर हावी रही।

एक शाम उत्सव के बाद लेडी मैकबेथ राजा के शयन कक्ष के प्रहरियों को नशीली दवा पिला देती है और संकेत पाते ही मन में पैदा असमंजस के बावजूद मैकबेथ वहाँ आकर गहरी नींद में सोए किंग डंकन की हत्या कर देता है। मैकबेथ जानता था कि इसके बाद वह कभी सो नहीं पाएगा। अगले दिन जब डंकन की हत्या उजागर होती है तो मैकबेथ डंकन के प्रहरियों की हत्या कर देता है, यह जताते हुए कि उन्हीं ने राजा की हत्या की थी। इसके बाद वह आसानी से राजा बन जाता है। डंकन के बेटे भाग जाते हैं और बदला लेने का एक और षड्यंत्र शुरू हो जाता है।

माना जाता है कि 'मैकबेथ' (कुछ कहते हैं कि पूरा शीर्षक 'द ट्रेजेडी ऑफ मैकबेथ' है) को 1599 और 1606 के बीच लिखा गया था। यह ट्रेजेडी शेक्सपीयर की सबसे अच्छी कलाकृतियों में गिनी जाती है। स्कॉटलैंड की पृष्ठभूमि में रचा यह नाटक बताता है कि जब सत्ता की महत्त्वाकांक्षा पूरी करने के लिए दुष्ट तरीका अपनाया जाता है तो खुद को नुकसान पहुँचाने वाले मनोवैज्ञानिक और राजनीतिक प्रभाव पैदा होते हैं।

इसका कन्नड़ में 'मारानायका' नाम से अनुवाद हुआ, जिसका मंचन इस हफ्ते बेंगलुरु में किया गया और दर्शकों ने इसे हाथोहाथ लिया। इसलिए नहीं कि यह शेक्सपीयर की कृति का अनुवाद था, बल्कि विभिन्न पात्रों की भूमिका निभानेवाले व्यक्तियों ने इतना अच्छा अभिनय किया कि मँझे हुए अभिनेता भी शरमा जाएँ। इन शौकिया कलाकारों में से ज्यादातर की उम्र 50 के आसपास थी, लेकिन भावनाओं की अभिव्यक्ति में वे श्रेष्ठतम थे। वे आधुनिक जन-जीवन से अलग-थलग पड़े एकाकी जीवन जीनेवाले लोग थे। अपनी जिंदगी में उन्होंने शेक्सपीयर या उनके नाटक 'मैकबेथ' को कभी नहीं पढ़ा था, लेकिन उन्होंने अभिनय ऐसा किया, मानो वे ही 'मैकबेथ' के असली दुष्ट पात्र थे! ऐसा इसलिए था, क्योंकि ये कलाकार सिद्दाराजु और उनके साथी कैदी थे, जिन्होंने किसी-न-किसी वक्त खुद पर गुस्से को हावी होने दिया और जघन्य अपराध के दोषी बने।

फंडा यह है कि गुस्से में आकर किए काम से विनाश का रास्ता खुलता है। हम अपने चारों ओर गुस्से को भड़कते हुए देख सकते हैं। वाहन ओवरटेक करने या जोर-जोर से हॉर्न बजाने

जैसे मामूली कारणों से भी लोग गुस्से में बेकाबू हो जाते हैं। वक्त आ गया है कि हम इन छोटी बातों से होने वाले बड़े अनर्थ पर गौर करें, ताकि कभी ऐसे ही कृत्यों के कारण हमें पछताना न पड़े।

दिल बड़ा हो तो पूँजी मायने नहीं रखती

मुंबई में पिछले सप्ताह यह बुरे दिनों में से एक था। सड़कें बेतरतीब ट्रैफिक के कारण भरी हुई थीं। सहारा इंटरनेशनल एयरपोर्ट की ओर जाने वाली और आने वाली यानी दोनों ओर की रोड्स पर कारों की बेतरतीब कतारें लगी थीं। मेरा दुर्भाग्य यह भी था कि दो घंटे के दौरान यह रोड मुझे दो बार पार करनी थी। जब ट्रैफिक धीमे-धीमे रेंगता है तो भिखारी और ट्रांसजेंडर इसका लाभ उठाते हैं। इन समूहों को देखकर कुछ ही लोग पैसे देते हैं। आमतौर पर बाकी लोग या तो कार की विंडो ऊपर चढ़ा लेते हैं या फिर सिग्नल की ओर देखने लगते हैं। कुछ लोग जरूरी फोन करने का बहाना भी बनाते हैं। सिग्नल के हरा होते ही वे एक्सीलेटर पर दबाव डालते हैं, और आगे बढ़ जाते हैं।

मुझसे कुछ दूरी पर ट्रांसजेंडर का एक समूह हर कार के करीब पहुँचकर कुछ पैसे माँग रहा था। आज के दिन कोई भी कार सवार उनसे बच नहीं पा रहा था, क्योंकि वाहन बेहद धीमी रफ्तार से रेंग रहे थे। कार सवार इन लोगों से छुटकारा पाने के लिए न चाहते हुए भी कुछ सिक्के उन्हें दे रहे थे। अब मेरी बारी थी। मैंने विंडो पर दस्तक सुनी। शीशा नीचे उतारे बिना ही मैं डैशबोर्ड में कुछ सिक्के तलाशने लगा। इस बीच मैंने सुना, 'अरे, ये तो मैडम की गाड़ी है। वो पहले ही पैसा दे चुकी हैं, जाने दो।' और उनमें से जो पुलिसवाले की तरह कारों को आगे बढ़ा रहा था, उसने मुझे तेजी से निकलने का इशारा किया।

मैं एक फूटी कौड़ी दिए बिना वहाँ से निकल आया था। मुझे सच में लगा कि यह मेरी किस्मत थी कि उन्होंने मुझे कोई और समझ लिया। मैं आगे बढ़ा, मीटिंग निपटाई और अगले ही घंटे मैं फिर उसी रोड पर, उन्हीं लोगों के बीच था। लौटते वक्त मैंने देखा कि वे एक वाहन में कुछ सामान चढ़ा रहे हैं। उन्होंने रोड की एक

लेन पूरी तरह रखी थी। पुलिस ने भी उस ओर से आँखें फेर रखी थीं। पुलिस की इस निष्क्रियता पर मुझे गुस्सा आया। हर कार सवार अपने लिए रास्ता बनाने की कोशिश कर रहा था, लेकिन कोई भी यह पूछने की हिम्मत नहीं कर रहा था कि उन्होंने एक लेन क्यों रोक रखी है ? जब किसी ने हॉर्न बजाया तो एक ट्रांसजेंडर करीब आया और उससे बोला, 'दिखाई नहीं देता क्या, जरूरी सामान चढ़ाया जा रहा है ?' किसी को पता नहीं था कि ऐसी क्या जरूरत है और क्या सामान चढ़ाया जा रहा है।

मैं अपनी कार से उतरा और उसी व्यक्ति के पास पहुँचा, जिसने मुझे पिछली बार बिना पैसे दिए जाने दिया था। मैंने पूछा, 'क्या बात है, यह ट्रैफिक क्यों रुका है ?' ट्रांसजेंडर ने विनम्रता से कहा, 'साब, बस एक मिनट और लगेगा। करीब 2500 टीपला (एक रोटी, जिसे बिना किसी सब्जी के खा सकते हैं) राहत सामग्री के तौर पर नेपाल भेजे जा रहे हैं।' यह भूकंप पीड़ितों को भेजी जा रही उनकी मदद थी। उन्होंने अपने एक दिन के कलेक्शन से यह भोजन तैयार किया था। 'आपको मैडम ने नहीं बताया ?' ट्रांसजेंडर ने मेरी पत्नी का जिक्र करते हुए कहा, 'उन्होंने सुबह 500 रुपए दिए थे। उसने बताया कि टीपला 75 घंटे तक खाने योग्य रहता है। अगर यह खाद्य सामग्री 48 घंटे में भी पहुँची तो भी काठमांडू के पीड़ितों के खाने योग्य होगी। जब वे मुझे इस बारे में बता रहे थे, मेरे साथ कुछ हो रहा था। मैं उनके निरीक्षण कौशल से प्रभावित था, जिसके कारण उन्होंने कार पहचान ली। मैं उनकी ईमानदारी से भी अभिभूत था कि एक ही परिवार दो बार पैसा न दे। मैं शर्मिंदा था कि उन्होंने एक ऐसे खाद्य पदार्थ के बारे में सोचा जो 72 घंटे तक खाने योग्य रहता है। साथ ही मैं उनके बड़े दिलों के आगे नतमस्तक था। कुल मिलाकर मैं उनके सामने खुद को बेहद छोटा महसूस कर रहा था।

> फंडा यह है कि दिल का आकार ही महत्त्वपूर्ण है, न कि आपकी जेब का साइज या उसकी गहराई। अगर दिल बड़ा है और सोच बड़ी है, तो पैसे की कमी आड़े नहीं आती।

खुद और समाज के लिए बेहद फायदेमंद है सब्र

दिन बुधवार, 6 मई, 2015। समय सुबह सात बजे। स्थान जयपुर अंतरराष्ट्रीय हवाई अड्डा। खास बात, जयपुर से जाने वाली लगभग सभी उड़ानों को 60 से 90 मिनट के बीच जाने का समय दिया गया है।

अब दृश्य देखिए : एक तरफ सैकड़ों बेसब्र पैसेंजर ट्रॉलिज और बैग्स के साथ कतार में खड़े हैं, लेकिन साथ ही किसी बहाने से इसे तोड़ने को कोशिश कर रहे हैं। यह राशन की दुकान पर केरोसिन के लिए लगने वाली कतार से बिल्कुल अलग नहीं है, वैसी ही अफरा-तफरी है। दूसरी ओर, एयरपोर्ट की सिक्योरिटी एजेंसी के कर्मचारी अपना तयशुदा वक्त ले रहे हैं। वे टिकट पर पैसेंजर का नाम देखने के बाद उसे आई कार्ड के साथ क्रॉस चेक करते हैं। कई ऐसे परिवार हैं, जिनमें मुखिया सारे टिकट और आई कार्ड लिये हैं, जबकि सिक्योरिटी एजेंसी एक-एक पैसेंजर को अलग-अलग चेक कर रही है। इस बोझिल प्रक्रिया में बहुत समय लगा।

इसी बीच, कई निजी एयरलाइंस ने समय पूरा होने की घोषणा शुरू कर दी, इससे पैसेंजर सुरक्षा जाँच की प्रक्रिया जल्द पूरी करने के लिए दबाव डालने लगे। हालाँकि यह सामान्य घोषणाएँ हैं और एयरलाइन ऑपरेटरों के लिए यह नई बात नहीं है। इसी तरह से किसी भी अवांछित गतिविधि से बचने के लिए कड़ी सुरक्षा जाँच भी एक सामान्य नियम है, जिसका पालन किया जाता है।

इस बीच, एयरपोर्ट के चारों स्तर पर भीड़ जमा हो गई। पहला, पैसेंजर एंट्रेंस पर। दूसरे, सिक्योरिटी लेवल पर, जहाँ सिर्फ पैंसेंजर को ही आने की इजाजत है। जहाँ विजिटर्स नहीं आ सकते। तीसरे स्तर यानी चैक-इन काउंटर पर, जहाँ अंतरराष्ट्रीय

पैसेंजर काफी सारे सामान के साथ थे। इसके बाद चौथे स्तर पर, जहाँ आखिरी सिक्योरिटी लेवल है। यहाँ पैसेंजर और उनके हैंड बैग्स की स्क्रीनिंग की जाती है। हर स्तर पर, जो भी लोग सुरक्षा जाँच और अन्य कार्य कर रहे थे, वे जल्द-से-जल्द भीड़ खत्म करने की कोशिश कर रहे थे। हड़बड़ी तब शुरू हुई जब एक एयरलाइन ने घोषणा की। पैसेंजर्स के एक समूह ने कतार तोड़ दी और सिक्योरिटी एजेंसी से गुजारिश की कि उन्हें जाने दें। इस पर कुछ पैसेंजर्स ने विरोध किया, जबकि कुछ शांत बने रहे।

पुलिस ने विरोध पर ध्यान नहीं दिया और कतार तोड़ने वालों को जल्दी जाने दिया। इसके बाद गुजारिशों का सिलसिला चल पड़ा। जिस किसी के पास भी प्रिंटेड बोर्डिंग पास थे, उन्होंने बोर्डिंग टाइम का हवाला देते हुए जल्द जाने की गुहार लगाना शुरू कर दिया। यह सिलसिला पहले सिक्योरिटी पॉइंट से लेकर चारों कतारों में शुरू हो गया।

सब्र को खिड़की के बाहर कर दिया गया और हताशा का वातावरण बनना शुरू हो गया। इसके बाद जो कतार में थे, उनके बीच गरमागरम बहस होने लगी। जो शांत थे, वे इन बहसों से उदासीन थे। जयपुर एयरपोर्ट का नियमित यात्री जानता है कि कुछ उड़ानों के बाद यह हड़बड़ी हर रोज होती है। नियमित यात्री अपने बोर्डिंग पास का प्रिंट ले लेते हैं, लेकिन एयरपोर्ट पर आखिरी घंटे में ही पहुँचते हैं, इससे भी विभिन्न सिक्योरिटी चैक्स पर भ्रम की स्थिति कम नहीं होती और आखिरकार पता चलता है कि जो लोग कतार तोड़कर अंदर पहुँचे, वे ही ज्यादा निराशा और हताशा की स्थिति में होते हैं। जबकि जो इस अफरा-तफरी में अपने पैरों पर खड़े होकर बारी का इंतजार कर रहे होते हैं, वे शांत दिखाई देते हैं। जो कतार तोड़कर आगे बढ़ गए थे, वे एयरपोर्ट की सुविधाओं की शिकायत कर रहे थे। वहीं, जिन्होंने सब्र दिखाया था, वे मुसकराते हुए अपने मोबाइल पर बिजी थे और बड़बड़ाहटों की तरफ से उन्होंने ध्यान हटा लिया था। और दिलचस्प यह कि किसी भी पैसेंजर की उड़ान छूटती नहीं है।

> फंडा यह है कि सब्र महज समझदारी का ही सबूत नहीं है, बल्कि इससे आप खुद का और समाज का भला कर सकते हैं।

सबसे सुखद अहसास है अपनी प्रशंसा सुनना

पहली कहानी : बुधवार को हममें से ज्यादातर लोग सलमान खान के 13 साल पुराने 'हिट एंड रन' मामले में आए अदालती फैसले की ताजा जानकारी हासिल करने के लिए न्यूज चैनलों को बदल-बदलकर देखने में व्यस्त थे। विभिन्न चैनलों के रिपोर्टर और कैमरामैन द्वारा एक से दूसरे कोर्ट, ऑर्थर अली रोड की सेंट्रल जेल और मुंबई पुलिस हेडक्वार्टर के बीच कहानी धीरे-धीरे सामने आ रही थी। स्क्रीन का मूड उदास और निराश था, क्योंकि इस अपराध से एक सुपर स्टार का नाम जुड़ा था।

एक अन्य खबर में कई ताकतवर लोग संसद् में एक महत्त्वपूर्ण राष्ट्रीय मुद्दे पर बातचीत कर रहे थे। विदेश मंत्री सुषमा स्वराज ने कहा, 'मनमोहनसिंह जी वह व्यक्ति हैं, जिन्होंने यह पूरा काम किया। मैंने बस काम को पूरा किया है।' उन्होंने पूर्व प्रधानमंत्री का शुक्रिया अदा किया। उन्होंने इस बात का उल्लेख किया कि जो बिल उन्होंने पेश किया है, उसके कोमा और फुलस्टॉप तक वही हैं, जो संप्रग सरकार के दिसंबर 2013 में पेश किए बिल में थे। उन्होंने विपक्ष के नेता गुलाम नबी आजाद को श्रेय देते हुए उनके बयान 'यह सभी के लिए जीत की स्थिति है' को दोहराया।

सुषमा स्वराज ने भारत और बांग्लादेश के बीच 1974 में हुए भूमि सीमा समझौते को संसद् में पारित करने के दौरान यह जिक्र किया। बाद में यह बिल 180 सांसदों के समर्थन से पास हो गया। मनमोहन सिंह सरकार की सराहना कर न सिर्फ उन्होंने पूरे विपक्ष का दिल जीत लिया, बल्कि पूर्व प्रधानमंत्री के चेहरे पर भी जोश ला दिया, जो उस वक्त सदन में मौजूद थे और यह सबसे महत्त्वपूर्ण था।

किसी के चेहरे पर जोश और खुशी को वैज्ञानिक ढंग से मापना बेहद मुश्किल

है। लेकिन अगर आप उन चेहरों को अलग-अलग समय पर देखते रहे हैं, तो इसे महसूस कर सकते हैं। मुझे यह सुविधा हासिल थी।

दूसरी कहानी : इसी दिन देश के दूसरे कोने सुदूर दक्षिण के मैंगलौर में पत्रकार शहर उबैदुल्ला का साक्षात्कार ले रहे थे। वह शहर के सेंट्रल मार्केट की एक सब्जी को दुकान में बतौर हैल्पर काम करता है। वह खुशी से मुसकरा रहा था, क्योंकि इतने दिनों में किसी ने भी उसे उसके नाम से नहीं पुकारा था। उसे हमेशा 'अरे', 'ओए' या 'ए सुन' जैसे संबोधनों से पुकारा गया था। मंगलवार को जब वह एक सरकारी बस में सफर कर रहा था, तो उसे किसी सहयात्री का पर्स मिला। यह पर्स स्थानीय कॉलेज में इंजीनियरिंग के छात्र गौतम का था। पर्स में 250 रुपए, उसका लाइब्रेरी कार्ड, पिन नंबर समेत ए.टी.एम. कार्ड आदि सबकुछ था। दुर्भाग्यवश, पर्स में कोई टेलीफोन नंबर नहीं था।

उबैदुल्ला जानता था कि यह महत्त्वपूर्ण कार्ड है। वह पता हासिल करने के लिए गौतम के कॉलेज की एक अन्य ब्रांच में गया, लेकिन कोई मदद नहीं मिली। उसने तत्काल व्हाट्सएप मैसेज कर दिया। यह मैसेज वायरल हो गया। और महज दो घंटे बाद ही गौतम उसके दरवाजे पर खड़ा था। जाहिर है, मीडिया की दिलचस्पी इस बात में थी कि क्यों उसने तकनीक को औजार बनाया? उबैदुल्ला ने मीडिया को बताया कि उसे जब पिछली बार पैसे से भरा हुआ पर्स मिला था, तो उसने वह कंडक्टर के हवाले कर दिया था, लेकिन वह पर्स कभी भी उसके मालिक तक नहीं पहुँचा। यही वजह थी कि उसने तकनीक का इस्तेमाल किया और जिसने पर्स खोया था, उसे सीधे यह दिया। और इस पर उसे गर्व भी है।

फंडा यह है कि गरीब या अमीर, ताकतवर या कमजोर, सभी व्यक्ति अपने नाम की प्रशंसा सुनना चाहते हैं, यह दुनिया का सर्वश्रेष्ठ संगीत है। व्यक्ति की सीधी-सादी और असली प्रशंसा चेहरे पर खुशी लाती है।

□

खर्च करने के लिए जियो या किसी की जिंदगी पर खर्च करो

मेरे एक सेना से रिटायर्ड पड़ोसी हैं। वे खर्च किए हर पैसे को लेकर हमेशा सोसाइटी मैनेजमेंट की आलोचना करते हैं, आपत्तियाँ व्यक्त करते हैं। अपार्टमेंट्स का रखरखाव देखने वाली सोसाइटी मासिक मैंटेनेंस खर्च थोड़ा भी बढ़ाए तो वे पूरी ताकत से इसका विरोध करते हैं। इसलिए हम उन्हें खुश रखने की कोशिश करते हैं। इस हफ्ते की शुरुआत में उन्होंने अपने विवाह की 60वीं सालगिरह मनाई। शनिवार को सोसाइटी के हम कुछ सदस्य दोनों को, देर से ही सही, शुभकामनाएँ देने पहुँचे। हमने जैसे ही उनके घर में प्रवेश किया, उनके घर काम करनेवाली महिला भी वहाँ पहुँची। रिटायर्ड अधिकारी ने सिर हिलाकर हमारा अभिवादन किया और हमसे थोड़ा समय माँगते हुए कामवाली महिला से पूछताछ शुरू की—

अधिकारी : तुम्हारी छुट्टियाँ कैसी रही?

महिला : बहुत अच्छी रही साहब! मेमसाब ने मुझे सफर के लिए 500 रुपए दिए थे।

अधिकारी : तो तुम्हारी मुलाकात अपनी बेटी, दामाद और पोते से हुई?

महिला : हाँ साहब, सब कुशल-मंगल है माता देवी की कृपा से।

यह उनके पैतृक गाँव में स्थित उनकी कुलदेवी थी।

अधिकारी : मेमसाब ने जो पैसे तुम्हें दिए थे, उसका तुमने क्या किया?

हम तीनों धैर्यपूर्वक देख रहे थे। महिला ने सारा खर्च सुना दिया और वे

साहब सब लिखने लगे। वह बताने लगी, 125 रु. की पोते की ड्रेस, उसके लिए 45 रु. का खिलौना, मंदिर के लिए 60 रु. का प्रसाद, जिससे घर मिठाई ले जाने का उद्‌देश्य भी पूरा हो गया। बेटी के लिए कुछ चूड़ियाँ व बिंदियाँ 40 रु., 80 रु. बस का दोनों तरफ का किराया, 150 रु. का स्थानीय माता मंदिर को दान, जिसका वार्षिक उत्सव इसी माह है। जब जोड़ 500 रु. हो गया तो उनका चेहरा खिल गया।

मुझे लगा, उनके चेहरे पर घमंड है—आर्थिक रूप से पिछड़े वर्ग की महिला से पाई-पाई का हिसाब लेने की जीत का घमंड। ठीक उसी तरह जैसे वे हमसे सोसाइटी अकाउंट का हिसाब लेते हैं। जब वह चली गई तो उनकी पत्नी हमारे लिए चाय ले आई और कहने लगी—'आप तो इन्हें जानते ही हैं। जब तक बैलेंस शीट के हर पैसे का हिसाब मिल नहीं जाता, इन्हें चैन नहीं मिलता।' चूँकि हमें उनकी आदत मालूम थी, हमने बनावटी मुसकान बिखेर दी, लेकिन यह सावधानी बरती कि चेहरे के भाव से उनकी पत्नी कोई और अर्थ न लगा ले, जो अपने पति के स्वभाव के बिल्कुल विपरीत है।

चाय की चुस्कियाँ लेते हुए उनकी पत्नी खुद बताने लगी। हफ्ते की शुरुआत में कामवाली ने अपने पैतृक गाँव में कुलदेवी के वार्षिक उत्सव में शामिल होने के लिए पाँच दिन की छुट्टी माँगी। यह मंदिर मुंबई से कुछ किलोमीटर दूर छोटे से गाँव में था। वहाँ उसकी बेटी भी रहती है। चूँकि उस दिन इन दोनों की शादी की 60वीं वर्षगाँठ थी, तो दोनों ने डिनर कहीं बाहर लेने का फैसला किया।

पत्नी ने कामवाली को सफर के लिए 500 रु. देने की अनुमति माँगी। उन्होंने आपत्ति की कि जब पोते का स्कूल खुलेगा तो वह वैसे भी पैसे माँगेगी ही। पत्नी ने समझाया कि वह साल में दो-तीन बार ही अपने गाँव जाती है और चूँकि इन दिनों हर चीज महँगी हो गई है, उनके अलावा और कौन है, जो उसकी मदद करेगा? उन्हें दलील मंजूर नहीं हुई। जैसे सालाना आम बैठक में बिल पास कराने के लिए हम उनसे बहस करते थे, उसी तरह उनकी पत्नी को भी बहुत बहस करनी पड़ी। आखिरकार डिनर घर पर ही मँगाकर उसकी लागत 125 रु. कम करने पर सहमति हुई। इस तरह वे खर्च होने वाले हर पैसे पर कड़ी निगाह रखते हैं। अब मुझे समझ में आया कि उनका चेहरा घमंड से नहीं, इस गर्व से खिल उठा था कि कड़ी मेहनत से कमाया पैसा ठीक तरह से खर्च हुआ। हो सकता

है, अगली मीटिंग से उनकी ओर देखने का हमारा नजरिया बदल जाए! अब हम जानते हैं कि वे तो सिर्फ यह चाहते हैं कि सोसाइटी का पैसा किसी उद्देश्य के लिए ठीक तरह से खर्च किया जाए।

> फंडा यह है कि आप पूरी जिंदगी खर्च करते रहें या जिंदगी पर कुछ खर्च करने का फैसला लें। विकल्प आपको चुनना है।

योग्य व्यक्ति हर स्थिति में काम करके दिखाता है

पिछले रविवार जब मैं अपने गृहनगर चेन्नई पहुँचा, तोप मार्केट उपनगर बसंत नगर में रहनेवाले मेरे अंकल-आंटी के स्वागत-सत्कार में पुरानी गर्मजोशी नदारद थी, क्योंकि वे बाहर जाने की जल्दी में थे। उन्होंने किचन प्लेटफॉर्म के 30 सेकंड के टूर में सबकुछ बता दिया कि फिल्टर कॉफी से लेकर उपमा और कुछ अन्य स्नैक्स तक वह सबकुछ कहाँ पर है, जिसकी मुझे जरूरत हो सकती थी। फिर आईने के सामने खड़े रहकर ढेर सारा चंदन-पाउडर लगाया। यह कई दक्षिण भारतीय महिलाओं की खास आदत है। संभव है, भीषण गरमी इसकी वजह हो, लेकिन मैंने उनसे इसकी वजह पूछने का साहस नहीं दिखाया। पाउडर लगाते हुए वे सहजता से कहने लगीं, 'ईश्वर का शुक्र है कि पिछले दो हफ्तों में तुम यहाँ नहीं थे।'

जब मैंने वजह पूछी तो उन्होंने जल्दी से जवाब दिया, 'इस दौरान हमारे पूरे इलाके में नगर निगम की ओर से पानी की एक बूँद की सप्लाई नहीं हुई, क्योंकि कोई फॉल्ट हो गया था और सर्वश्रेष्ठ इंजीनियर भी उसका पता नहीं लगा पा रहे थे।' फिर उन्होंने आगे जोड़ा, 'हम एक सम्मान समारोह में जा रहे हैं, जिसमें करुणानिधि को सम्मानित किया जा रहा है।'

फिर तेजी से खुद ही बताया, 'इसका पूर्व मुख्यमंत्री करुणानिधि से कोई संबंध नहीं है। यह तो वह इंजीनियर है, जिसने पिछले हफ्ते इलाके में चौबीसों घंटे मौजूद रहकर फॉल्ट का पता लगाया।' यह मेरे चेहरे पर आए प्रश्नार्थक भाव का उत्तर था, क्योंकि मैं जानता था कि इस परिवार की राजनीति में कोई रुचि नहीं है। मैंने उनके साथ जाने का फैसला किया।

यह 300 लोगों का छोटा सा कार्यक्रम था, जिसमें इलाके के 200 परिवारों में हर एक का प्रतिनिधित्व था। ऐसे शहर में नागरिक सुविधाओं संबंधी शिकायतें

प्राय: कालीन के नीचे खिसका दी जाती हैं और सरकार की इस उपेक्षा का नतीजा रहवासियों को भुगतना पड़ता है। यह मेरे लिए सुखद परिवर्तन था। इलाके के लोग स्थानीय स्वायत्त संस्था के सहायक इंजीनियर सी.एन. करुणानिधि के प्रति आभार व्यक्त करने और उनके काम को रेखांकित करने के लिए एकत्रित हुए थे। करुणानिधि ने ही ब्लॉकेज दूर करके इलाके के 200 परिवारों को पूर्ण जल-आपूर्ति बहाल करने में प्रमुख भूमिका निभाई थी। जाहिर है कि समस्या का पता लगाना कठिन काम था और इसे ठीक करने में इंजीनियर को एक हफ्ता लगा। किंतु आश्चर्य की बात तो यह थी कि करुणानिधि की पत्नी अस्पताल में भरती थी, लेकिन उन्होंने अन्य इंजीनियरों की मदद से लगातार काम पर निगरानी रखी और समस्या का समाधान किया। वास्तव में इलाके के रहवासियों ने ही उनकी पत्नी की देखभाल की, जो समय-समय पर अस्पताल जाकर उनका ध्यान रखते रहे, जबकि उस समय करुणानिधि 100 साल पहले डाली गई पाइप लाइन में आई समस्या पर पूरा ध्यान केंद्रित किए हुए थे।

लोगों का यह छोटा सा समूह इंजीनियर व उनके परिवार के बारे में सब कुछ जानता है। इन 33 वर्षों में अपनी सेवा से करुणानिधि ने जो कुछ अर्जित किया, वह लोगों की सद्इच्छाएँ ही हैं। उनके सम्मान में जो छोटा सा भाषण दिया गया, उसके अंतिम अंश को भूलना मुश्किल है : 'ऐसे अधिकारी आज कॉरपोरेट जगत् में भी मिलना दुर्लभ हैं।'

ज्यादातर उपनगरों में जब पानी से जुड़ी कोई समस्या होती है, जो तमिलनाडु की राजधानी में विभिन्न कारणों से शाश्वत समस्या है, तो वहाँ के प्रभावशाली लोग करुणानिधि को ही भेजने को कहते हैं, खासतौर पर तब, जब समस्या वाजिब समय से ज्यादा खिंच जाए। इस तरह एक इंजीनियर को शहर के लाखों रहवासी जानते हैं, यह नगर निगम के किसी कर्मचारी के लिए दुर्लभ सम्मान ही कहलाएगा। सरकारी स्टाफ में आम भावना यह है कि उन्हें पहचान नहीं मिलती, लेकिन इस कर्मचारी ने यह धारणा उलट दी है।

फंडा यह है कि संगठन और काम कैसा भी क्यों न हो, लेकिन यदि आपके पास उसे सुलझाने की काबिलीयत है तो आपके काम को सराहना मिलती ही है।

□

प्रेम में ही है किसी लत को मिटाने की शक्ति

जब मैं और मेरा दोस्त संयोग से उसकी इमारत के सामने उसके 19 वर्षीय बेटे से टकरा गए तो वह युवक फोन पर किसी से बतिया रहा था। जैसे ही उसने हमें देखा, उसने दूसरे छोर पर बात करनेवाले से कहा, 'मैं बाद में फोन करता हूँ' और फोन काट दिया। उसके पिताजी ने उससे पूछा कि फोन पर कौन था तो बैचलर कोर्स के अंतिम वर्ष के छात्र ने न सिर्फ दूसरे छोर पर बात कर रहे व्यक्ति की पूरी जानकारी दी, बल्कि दोनों के बीच हुई चर्चा का पूरा ब्योरा भी दिया। उसकी उम्र देखते हुए मुझे यह व्यवहार कुछ असाधारण लगा। पिता-पुत्र के बीच करीब तीन मिनट चर्चा हुई होगी। मुझे लगा, इस एकतरफा जानकारी का कोई ज्यादा उपयोग नहीं है।

फिर हम तीनों लिफ्ट में सवार हो गए और उनके फ्लैट में गए। मेरे मित्र ने अपनी पत्नी व परिवार के अन्य सदस्यों से मेरा परिचय कराया। अभिवादन की शुरुआती औपचारिक बातचीत के बाद वह फिर बेटे से 20 मिनट के लिए मुखातिब हो गए। शुरुआत में तो मुझे थोड़ा अजीब लगा कि वे मेरी मौजूदगी की उपेक्षा कर रहे हैं, लेकिन फिर मेरी उत्सुकता जागी कि पिता-पुत्र की इस सफल कैमेस्ट्री का राज क्या है—खासतौर पर तब जब बेटा 19 साल का हो? जब बेटे से उनकी बातचीत पूरी हो गई तो वे मुझसे मुखातिब हुए और मुझे इंतजार कराने के लिए खेद व्यक्त करने लगे। फिर हम दोस्त चर्चा में मशगूल हो गए और दो घंटे का समय कब बीत गया, पता ही नहीं चला। इस दौरान मेरा ध्यान उनके बेटे पर था। इन 120 मिनट के दौरान एक बार भी उसने फोन को हाथ नहीं लगाया था। न मैसेज व व्हाट्सएप चेक किया एवं मेरे साथ फोटो खींचे; और किसी को फोन लगाने का तो सवाल ही नहीं।

उस युवक का फोन कई बार वाइब्रेट हुआ, लेकिन चूँकि वह साइलेंट मोड पर था, तो बातचीत में उससे कोई खलल नहीं पहुँचा। मेरे जाने के पहले दोस्त ने बताया कि उसका बेटा 'नोमोफोबिया' (नो-मोबाइल-फोन-फोबिया, यह नाम 2010 में अमेरिकी पोस्ट ऑफिस ने गढ़ा था।) से ग्रस्त है। यह ऐसी कई समस्याओं में से है, जिनसे 'डिजिटल दुनिया' की नई पीढ़ी का सामना हो रहा है। 'नोमोफोबिया' का नाम सुनते ही मेरे मन में यह विचार कौंध गया कि अगले दो वर्ष में देश में 24.30 करोड़ किशोर होंगे और 65.10 लाख स्मार्टफोन का सैलाब आ जाएगा। देश में ब्रॉडबैंड इंटरनेट के असमान फैलाव के बावजूद जीवन के लगभग हर क्षेत्र में स्मार्टफोन और अन्य इलेक्ट्रॉनिक उपकरणों के प्रति आकर्षण का जैसे विस्फोट हो गया है। इसने आखिरकार हमारे व्यवहार को उलट-पुलट कर दिया है। गैजेट्स का यह उन्माद पहले ही खुद में व्यस्त होने की लत में बदल चुका है। कई पालकों को इसमें हस्तक्षेप करने की जरूरत महसूस होती है। हालाँकि, जिन पालकों का सामना नोमोफोबिया से हुआ है, उन्हें समझ में नहीं आता कि इसमें दखल किस तरह दिया जाए ? इसी तरह की स्थिति में छह माह तक पिता-पुत्र के बीच बातचीत कुछ ऐसी होती थी—

पिता : फोन पर कौन था ?

बेटा : (कोई जवाब नहीं।)

पिता : क्या तुम मुझे सुन रहे हो, मैं कुछ पूछ रहा हूँ ?

बेटा : मेरी बातचीत हो गई थी, इसलिए मैंने फोन काट दिया।

पिता : वो मैं देख रहा हूँ, लेकिन बात किससे हो रही थी ?

बेटा : (कोई जवाब नहीं।)

पिता : सुनाई नहीं देता क्या ? मैं कुछ पूछ रहा हूँ ?

बेटा : कॉलेज छात्र के रूप में मेरे हजारों दोस्त हो सकते हैं, क्या मैं हर एक का नाम आपको बताऊँ ?

पिता : हाँ।

बेटा : (व्यथित दिखाई देता है) वैसे मैंने कभी आपसे पूछा है कि आप मोबाइल पर किससे बात कर रहे थे ?

अपने बेटे से ऐसा जवाब पाकर माता-पिता को बहुत धक्का लगा। उन्होंने तय किया कि वे शेष समाज से, इंटरनेट, वाई-फाई सबसे खुद को डिसकनेक्ट कर लेंगे और सिर्फ अपने बेटे से कनेक्ट रहेंगे। वे अपने बेटे के साथ सामूहिक रूप से रोज

कम-से-कम छह घंटे बिताने लगे। इस युगल ने खुद के समाज से कट जाने की परवाह नहीं की, लेकिन इन छह महीनों में पिता-बेटा-माता के बीच रिश्तों में बहुत सामंजस्य स्थापित हो गया, मधुरता आ गई।

> *फंडा यह है कि किसी लत को खत्म करने की ताकत वाई-फाई की बजाय अपनों से जुड़ने में है।*

'खयाल रखना' में है प्रभावशाली अर्थ

याद है, आमिर खान अपनी फिल्म 'तारे जमीं पर' में खयाल रखना का अर्थ समझाते हैं। मैंने इस शनिवार इसे अनुभव किया, जब गिरने के कारण पैर में आई मोच से अत्यधिक दर्द की हालत में मैं तेजी से हीरानंदानी अस्पताल के इमरजेंसी वार्ड में पहुँचा। शुरुआती मुआयने के बाद रेजीडेंट मेडिकल डॉक्टर समझे कि मैं आधे-अधूरे ज्ञान के साथ अत्यधिक चिंता करनेवाला रोगी हूँ, इसलिए वे ढेर सारे प्रश्न पूछने लगे। इमरजेंसी वार्ड स्टाफ के चेहरे की तरह ही शांत था। वरना वहाँ तो हमेशा खलबली मची रहती है।

मेरे साथ संक्षिप्त बातचीत में डॉक्टर ने एक ही चीज दोहराई : 'पहली नजर में कोई फ्रैक्चर नहीं दिखाई देता। दर्द मांसपेशियों में खिंचाव के कारण हो सकता है, जो कुछ दिनों में खत्म हो जाएगा, इसलिए चिंता न करें। मुझे लगता है कि कुछ दर्दनाशक दवाएँ और पूरा आराम आपको ठीक कर देगा। फिर भी हम एक्स-रे निकालकर हर आशंका खत्म कर देंगे।' हालाँकि, एक्स-रे विभाग ने काफी वक्त लगाया, लेकिन उतनी देर मेरे दिमाग में डॉक्टर के शब्द गूँज रहे थे। मैं भूल गया कि वे हड्डी रोग विशेषज्ञ नहीं हैं।

रिपोर्ट मिलने में लगभग 45 मिनट लग गए और मैं अकेला बेड पर पड़ा था। चिंता में पड़े आदमी के लिए यह इंतजार बहुत कठिन होता है। हर दो मिनट में कोई-न-कोई चेहरे पर चौड़ी मुसकान लेकर आता और मुझे आश्वासन देता कि सर्जन को बता दिया है, रिपोर्ट आते ही वे आ जाएँगे। उन्होंने मुझे न तो कोई दवा दी और न चोट पर कोई क्रीम लगाई, लेकिन शब्द मुझ पर असर कर रहे थे।

फिर अचानक वहाँ भगदड़ मच गई। एसिड अटैक के शिकार व्यक्ति को राहगीर लेकर आए थे। प्लास्टिक शीट से विभाजित मेरे बेड के बाहर बहुत से लोग दिखाई दे रहे थे। हमले के शिकार को कई दवाएँ दी जा रही थीं। नेत्र रोग, त्वचा

रोग के विशेषज्ञ और जनरल फिजीशियन एक साथ उपचार में लगे थे। मुझे सुनाई दे रहा था कि वे हमले के शिकार व्यक्ति से घटनास्थल, वक्त इत्यादि जानकारी ले रहे थे। साथ में आश्वस्त भी करते जा रहे थे, 'चिंता मत करो, सब ठीक हो जाएगा।' जब वार्ड ब्वॉय पुलिस को सूचना दे रहा था, तब भी डॉक्टर जाँच में लगे थे। इस बीच, एक नर्स मुझसे सहयोग का अनुरोध करने लगी। मैंने सिर हिलाकर मंजूरी दी, क्योंकि मेरे कान पड़ोस के बेड पर लगे थे, जिसके बीच सिर्फ प्लास्टिक शीट थी।

सिर्फ 10 मिनट में डॉक्टरों का स्वर बदल गया था। उसमें बहुत राहत थी। वरिष्ठ डॉक्टर ने मामले को हाथ में ले लिया था और वे कुछ इस क्रम में बोलने लगे—

1. आप पूरी तरह से ठीक हो जाएँगे (अंतिम शब्दों में बहुत जोर दिया था।) आपको समझ में आया? मैं फिर दोहराता हूँ, आप पूरी तरह ठीक हो जाएँगे।
2. आपकी आँखों को कुछ नहीं हुआ है। हमने दवाएँ दी हैं तो कुछ देर जलन होगी, पर चिंता न करें, आप बिल्कुल साफ देख पाएँगे।
3. कुछ हफ्ते में त्वचा ठीक हो जाएगी।
4. अगले हफ्ते आप दफ्तर जाने लगेंगे।
5. इसलिए तनावमुक्त हो जाएँ।

मुझे ऐसा लगा जैसे मैंने पेशेंट को देख लिया हो! जिज्ञासा और आश्वासन देने वाले उन शब्दों के कारण मैं विशेषज्ञ के आने के पहले ही दर्द के बावजूद उठ खड़ा हुआ। ठीक उसी वक्त हड्डी रोग विशेषज्ञ व आर.एम.ओ. आए और कहने लगे, 'चिंता न करें, एक्स-रे में कुछ नहीं निकला है। देखो तो आप खुद खड़े हो गए हैं। मैं सिर्फ एक दवा दूँगा और उस जगह पर बाम लगा लें। सिर्फ इस वीकेंड पैरों को विश्राम दें। सोमवार को आप दफ्तर जा सकेंगे।' मुझे लगा कि यह पंक्ति तो मैंने अभी सुनी है! फिर भी मेरे कानों के लिए यह संगीत की तरह थी, जिसने मुझे आश्वस्त किया।

> फंडा यह है कि 'खयाल रखना' और कुछ नहीं, बल्कि उन लोगों को आश्वस्त करना है, जो मुसीबत में हमसे कमजोर स्थिति में हैं। कभी-कभी हममें से ज्यादातर लोग यह भूल जाते हैं कि इन शब्दों में हीलिंग पावर है। हाँ, आमिर खान बिल्कुल ठीक थे।

नेक बनें, श्रेष्ठ बनें

परीक्षा सिर्फ दिमाग की नहीं, चरित्र की भी

बेंगलुरु के राजाजी नगर में रात 11 बजे छोटी सी झोंपड़ी, जिसे वे अपना घर कहते थे, पिता-पुत्र सो गए थे। पिता 12 साल पहले ऊँची इमारत से गिर गए थे और तब से बिस्तर पर थे। दो साल पहले पुत्र को ब्लड कैंसर होने का पता चला। वह भी बिस्तर पर ही था। यही वजह थी कि दोनों दवाइयों के असर से नींद में थे। रात के उस सन्नाटे में जब सिर्फ मेढकों के टर्राने की आवाजें आ रही थीं, बेटी अब भी पढ़ रही थी। माँ उसके पास आकर बैठ जाती है। दोनों की आँखें मिलती हैं और कई बातों का आदान-प्रदान हो जाता है। उस मौन में यह अत्यधिक मुखर वार्त्तालाप था। माँ की आँखों ने सवाल पूछा, 'दिन कैसा रहा?' और बेटी ने प्यार से सिर हिलाकर जवाब दिया, 'अच्छा।' उसका बायाँ हाथ माँ को नजदीक आकर बैठने का इशारा करता है, लेकिन दायाँ हाथ कॉमन एंट्रेंस एग्जाम की पुस्तक के पन्ने पलटता है।

माँ पल्लू से अपनी भीगी आँखें पोंछती है। कोशिश होती है कि बेटी देख न पाए, पर वह पहले ही देख चुकी होती है। वह माँ के बाएँ कंधे को पकड़कर गालों पर प्यार से चूमती है। तीस सेकंड तक दोनों एक-दूसरे को बाँहों में भर लेते हैं। माँ की आँखों से निकले आँसू बेटी के कंधे को गीला कर देते हैं। बेटी जल्दी से पानी का गिलास उठा लेती है, जो माँ उसके लिए लाई थी और माँ को पिलाती है। रुँधे गले से पानी का घूँट नीचे जाने के कारण आवाज होती है और वह उसी गिलास से बेटी को भी पानी पिला देती है। बेटी अब भी पढ़ रही है और माँ पास में बैठकर उसके हाथों को सहलाती, दबाती रहती है। बेटी माँ को देखकर कई बार पलकें झपकाती है, जैसे वह हाथों के दर्द से राहत देने के लिए धन्यवाद दे रही हो। माँ तब तक उसके हाथ

दबाती रहती है, जब तक कि उसे यकीन नहीं हो जाता कि बेटी का दर्द चला गया है। एक-दूसरे को बाँहों में लेकर दोनों सोने चली जाती हैं। जैसे आश्वासन दे रही हों कि 'चिंता मत करो, मैं हूँ न!' एक-दूसरे के लिए वे ही तो सहारा थीं।

बेटी शालिनी से मिलिए। अगली सुबह शालिनी ठीक 4:30 बजे उठ जाती है। 20 मिनट में सुबह के काम निपटाकर वह पड़ोस के पाँच घरों में जाती है, जहाँ उसे घर के बाहर पानी छिड़ककर रंगोली माँड़ने का काम मिला हुआ है। दक्षिण भारत में घरों के बाहर हर सुबह रँगोली माँड़ने की परंपरा है। छह बजे तक यह काम पूरा हो जाता है और फिर वह एक ऑफिस में जाकर पोंछा लगाकर बाथरूम साफ करती है। 7:30 बजे वह एक अन्य घर में जाकर कपड़े-बरतन साफ करती है। नौ बजते-बजते घर लौटकर वह दोपहर 12:30 तक सी.ई.टी. की पढ़ाई करती है। फिर भोजन करके वह दो घरों में काम करने जाती है। यह काम उसे 4:30 बजे तक व्यस्त रखता है। फिर शाम छह बजे तक वह दो जगह और काम करती है। उसके लिए काम का इतना बोझ ज्यादा है, क्योंकि उसकी माँ का दिन तो पति व बेटे की देखभाल में ही निकल जाता है। फिर शालिनी ने माँ का काम भी ले रखा था।

पति की बीमारी के बाद से ही शालिनी की माँ घर में ही कैद होकर रह गई थी। रात 8 बजे से 11 बजे तक शालिनी फिर पढ़ाई में डूब जाती थी, जब तक कि उसका शरीर आराम की माँग न करने लगे। और इस सोमवार को चार सदस्यों के इस परिवार की एकमात्र कमाऊ सदस्य शालिनी ने 12वीं विज्ञान की परीक्षा में 84.8 फीसदी अंक हासिल किए। वह टॉपर नहीं है, लेकिन एक अलग ही छात्रा है, क्योंकि ढेर सारे काम करने के बाद भी उसके चहरे पर सदा मुसकान रहती है, और उसकी यही बात, वह जहाँ काम करती थी, वहाँ के लोगों को बहुत पसंद थी।

फंडा यह है कि हर परीक्षा में अर्जित अंकों से अधिक कुछ होता है। दिमागी परीक्षा से ज्यादा यह चरित्र की परीक्षा होती है। भारत में ऐसी कई शालिनियाँ साल-दर-साल शानदार अंकों के साथ परीक्षा पास करती हैं। उनकी हौसलाअफजाई कीजिए!

□

बच्चे की निगाह से देखें तो दुनिया बेहतर हो जाए

बच्चे और पालक की इस बातचीत पर गौर कीजिए :
बच्चा : यह आदमी आपसे कुछ क्यों माँग रहा है?
पालक : वह भिखारी है।
बच्चा : वह भिखारी क्यों है?
पालक : उसके पास पैसा नहीं है।
बच्चा : लेकिन उसके पास खाने को भोजन भी नहीं है।
पालक : हाँ, मुझे मालूम है।
बच्चा : हम उसे खाने को भोजन क्यों नहीं देते?
पालक : (यहाँ आप अपने उत्तर को याद करें और भरें।)

हर बच्चे ने ये प्रश्न कम-से-कम एक बार तो पूछे ही हैं और हर पालक ने अंतिम प्रश्न का उत्तर अपनी तरह से दिया होगा। वह इतना छोटा था कि जिस काउंटर पर उसकी माँ एवा फॉक ऑर्डर दे रही थी, उसके पीछे क्या चल रहा है, यह वह देख नहीं सकता था। बात अमेरिका के अलाबामा प्रांत के प्रैटविल की फेमल वैफल हाउस इटरी की है। जोसियन डंकन पाँच साल का था। माँ के पर्स से खेलते-खेलते अचानक उसका ध्यान रेस्तराँ की खिड़की से बाहर गया और उसने देखा कि एक मैला-कुचैला-सा आदमी झोला लिये खड़ा है। गरीबी उसके चेहरे पर लिखी हुई थी और डंकन को न जाने कैसे समझ में आ गया कि वह भूखा है। उस बच्चे ने माँ से जिद की कि वह इस आदमी के खाने के लिए भी कुछ खरीदे। इसके लिए उसने अपना बर्गर देने की भी पेशकश की। माँ ने उसे शांत करने के लिए सिर्फ 'ओके' कहा। किंतु माँ का इशारा मिलते ही वह दौड़ता हुआ बाहर गया और उस आदमी को

भोजन के लिए भीतर बुला लाया। रेस्तराँ के 11 अन्य मेहमान इस छोटे से बच्चे की मेजबानी देख रहे थे। डंकन उसके लिए वेटर बन गया। वह भागकर काउंटर से मेनू कार्ड ले आया और उसके हाथों में रख दिया।

दयालु हृदय के इस बच्चे की हरकतों पर अब बाकी लोगों का भी ध्यान गया। पहले तो उस आदमी ने कहा कि वह सिर्फ सबसे सस्ता बर्गर चुनेगा, लेकिन डंकन ने उसे आश्वस्त किया कि वह जो चाहे ऑर्डर दे सकता है। ऑर्डर देने और मेज पर पहुँचने के बाद जब वह व्यक्ति उसे खाने ही वाला था, तो डंकन ने उसे रोककर कहा, 'मैं चाहता हूँ कि आप मेरे साथ प्रार्थना करें। यदि हर भोजन के बाद आप ईश्वर को याद रखेंगे, तो वह आपका अगला भोजन भी सुनिश्चित कर देगा।' बच्चे ने रेस्तराँ में मौजूद अन्य लोगों की परवाह नहीं की और ऊँचे स्वर के साथ बाल-सुलभ आवाज में गाना शुरू कर दिया। वहाँ मौजूद कुछ तो उसके साथ गाने लगे, जबकि उस व्यक्ति सहित कुछ अन्य की आँखों में आँसू आ गए। भिखारी रो रहा था, वहाँ खाने वाले अन्य लोग रो रहे थे, वेटर रो रहे थे और बच्चे की माँ भी रो रही थी। रो नहीं रहा था तो केवल डंकन।

उस व्यक्ति ने भोजन किया और अपने रास्ते चला गया। वह भरे पेट गया, जबकि एवा फॉक का दिल भरा था, जिसे वह ईश्वरीय स्पर्श मान रही थी। बाद में उन्होंने स्थानीय टी.वी. चैनल से कहा, 'आप कह नहीं सकते कि धरती पर देवदूत कौन है और जब अवसर सामने आए तो आपको उससे मुकरना नहीं चाहिए। आज रात वैफल हाउस में मैंने अपने पुत्र को 11 लोगों और उस बेघर के दिलों को छूते देखा। यह ऐसी सबसे बड़ी उपलब्धि बनी रहेगी, जो पालक के रूप में मुझे देखने को मिली। 'टी.वी. चैनल ने जब पिछले हफ्ते यह वाकया पोस्ट किया तो प्रैटविल क्षेत्र के कई लोगों ने टी.वी. चैनल के फेसबुक पेज पर उस बच्चे की तारीफ की। एक डे-केयर सेंटर की टीचर ने कहा कि डंकन उन बहुत से बच्चों में से एक है, जिन्हें वह रोज भोजन के पहले यह प्रार्थना गाने को कहती है।

फंडा यह है कि यदि आप बच्चे की आँख से दुनिया को देखने लगें तो यह अलग दिखाई देगी, इसकी खुशबू अलग दिखाई देगी, इसका अहसास बिल्कुल ही भिन्न होगा।

हमारा जीवन टू मिनट नूडल्स नहीं है

वह काफी महत्त्वाकांक्षी महिला थी। उसे जीवन में प्रशंसा, मान्यता और पैसा सबकुछ जल्दी-से-जल्दी चाहिए था। वह इस दिशा में ही काम करती थी। मनोरंजन उद्योग में 0.1 प्रतिशत से भी कम लोग काम करते हैं और जो लोग स्क्रीन पर होने के कारण प्रसिद्ध हो जाते हैं, उनकी संख्या स्क्रीन के पीछे के लोगों से काफी कम है। उन्हीं में एक हैं लीना मारिया पॉल। सौभाग्य से उसे एक बड़ा ब्रेक मिला। वह उन 60 चरित्रों में थी, जिन्होंने एक मशहूर फिल्म बनाई। वह एक थ्रिलर फिल्म थी, जो भारतीय राजनीतिक जासूसी के इर्द-गिर्द घूमती है। इसका कथानक 1980 और 1990 के समय का है, जब भारत ने श्रीलंका के गृहयुद्ध में दखल दिया था, जिसके बाद भारत के पूर्व प्रधानमंत्री राजीव गांधी की हत्या कर दी गई थी।

फिल्म 'मद्रास कैफे' में जॉन अब्राहम, नरगिस फाखरी, ऋषि खन्ना और लीना मुख्य किरदार में थे। कोई इससे ज्यादा की क्या उम्मीद कर सकता है? 'मद्रास कैफे' 23 अगस्त, 2013 को रिलीज हुई थी। 'बॉक्स ऑफिस इंडिया' ने कहा था कि फिल्म ने औसत कारोबार किया, लेकिन फिल्म ने 61वें राष्ट्रीय फिल्म पुरस्कारों में श्रेष्ठ ऑडियोग्राफी और साउंड डिजाइनिंग का नेशनल अवॉर्ड जीता था। तब तक लीना के पास एक और फिल्म 'रेड चिलीज' भी थी।

फिल्म रिलीज हो पाती, लीना इससे पहले ही खबरों में आ चुकी थी। किसी नए रोल के कारण नहीं, बल्कि अपनी असल जिंदगी में निभाए अलग ही किस्म के रोल के कारण—एक धोखेबाज का रोल। उसे 27 मई, 2013 को चार बाउंसर्स के साथ दिल्ली और चेन्नई पुलिस ने 19 करोड़ रुपए की धोखाधड़ी के मामले में गिरफ्तार कर लिया। तब पुलिस ने एक फार्म हाउस से नौ लग्जरी कारें और कई कीमती

घड़ियाँ बरामद की थीं। उसका 22 साल का लिव इन पार्टनर सुकाश चंद्रशेखर रेड्डी फरार हो गया था। बाद में उसे कोलकाता के एक मॉल से 5 जुलाई को उसी साल पकड़ा गया था। दोनों को एक बैंक के साथ धोखाधड़ी के मामले में सलाखों के पीछे डाल दिया गया था।

केस चेन्नई में चलता रहा और इधर दोनों मुंबई शिफ्ट हो गए, नए सिरे से साफ-सुथरी जिंदगी शुरू करने के लिए नहीं, बल्कि इस मास्टर प्लान के साथ कि कैसे जल्दी पैसा बनाया जाए। दुर्भाग्य से जल्दी पैसा बनाने के आकर्षण ने उनका साथ नहीं छोड़ा था। उन्होंने 'लॉयन ऑफ इंडिया' नाम की बोगस कंपनी बनाई और साथ ही पाँच और फर्म भी बनाईं, खासतौर पर पैसों के घोटाले के लिए। वे निवेशकों से नकद पैसा ले रहे थे, इस वादे के साथ कि 300 प्रतिशत रिटर्न देंगे। हर महीने 20 प्रतिशत पैसा लौटाएँगे। उन्होंने हर निवेशक को रसीद भी दी। कुछ मामलों में फर्म ने निवेशक के साथ नोटरी पर अनुबंध भी किया, जिससे उन्हें पैसा सुरक्षित होने का अहसास हो सके। उन्होंने पहले बॉलीवुड के गीतकार हसरत जयपुरी के पोते आदिल जयपुरी को प्रभावित किया। आदिल अपने पिता अख्तर और अपने एक अन्य रिश्तेदार को भी इस बिजनेस में ले आए। इसके बाद रातो-रात उन्होंने कई फर्म शुरू कर दीं। पर्सनल फिजिकल ट्रेनर के रूप में आदिल के हाई सोसाइटी में संपर्क थे और वह ग्राहकों को उनकी फर्म में निवेश करने के लिए लाता था। और अंत में बुलबुला फूट गया और कई तरह की मुसीबतें सामने आ गईं। मुंबई पुलिस की आर्थिक अपराध शाखा का मानना है कि उन्होंने हजारों निवेशकों को ठगा। लीना, उसका लिव इन पार्टनर और अन्य लोग अब 10 करोड़ रुपए के नए घोटाले के आरोप में सलाखों के पीछे हैं। जीवन असल में उतना छोटा नहीं है, जैसी हर कोई कल्पना करता है। हममें से हर कोई शॉर्टकट अपनाए बिना थोड़ा जुटाने में वर्षों की कड़ी मेहनत लगा देता है।

फंडा यह है कि जीवन टू मिनट नूडल्स नहीं है। शॉर्टकट अपनाने का असर नूडल्स पर दिख रहा है और जीवन निश्चित रूप से गहरे निशान छोड़ता है, जिनका पता लगाया जा सकता है।

दादा-दादी, नाना-नानी से बेहतर स्कूल नहीं

'मुझे रोटी और सब्जी नहीं चाहिए। मुझे चाहिए मैगी, बस!' यह कहकर उस पाँच साल की बच्ची ने जोर से पैर जमीन पर दे मारा। उसकी दादी ने बड़े प्यार से पूछा था, 'तू क्या खाएगी बेटी?' यह इस सवाल का बड़ी ताकत से दिया गया जवाब था। परिवार के घर लौटने के बाद जब दादी ने दरवाजा खोला तो पहला सवाल यही था, 'बच्ची ने कुछ खाया?' उन्हें मालूम पड़ गया कि बच्ची ने कुछ भी नहीं खाया है। फिर परिवार की प्रमुख दादी माँ ने परिवार के सबसे छोटे सदस्य से बातचीत शुरू की। बच्ची के माता-पिता थके हुए थे। दादी चिड़चिड़ाहट दिखा रही बच्ची से बातचीत करने की कोशिश कर रही थी। उत्तेजित पिता ने रुखाई से कहा, 'ठीक है, तो तुम भूखे पेट सो जाओ।'

दादी ने बच्ची का सिर प्यार से अपनी साड़ी में छिपा लिया और उसके दोनों हाथों को मजबूती से पकड़कर, बिना एक शब्द बोले, अपने पुत्र पर निगाह डाली। उस नजर का मतलब था कि जब मैं उससे बात कर रही हूँ, तो तुम्हें दखल देने की जरूरत नहीं है। वे बच्ची को अपने साथ किचन में ले गईं। उसका चेहरा अब भी कॉटन की हलकी साड़ी में छिपा हुआ था, जिसमें विज्ञापन में दिखाए जाने वाले डिटरजेंट से ज्यादा प्यार की खुशबू थी। बच्ची को किचन के प्लेटफॉर्म पर बिठाते हुए दादी ने कहा, 'ठीक है, तुम्हें मैगी चाहिए न। हम दोनों बनाएँगे।'

दादी ने वह खास बरतन उठाया, जो नीचे से ताँबे का और ऊपर से आधा स्टील का था। बच्ची नूडल बनाने की प्रक्रिया में मशगूल हो गई। गुनगुने पानी में नूडल्स और मसाला डालने की प्रक्रिया पूरी करने के बाद उन्होंने बच्ची को गोद में लेकर

गैस पर पकता उसका पसंदीदा व्यंजन दिखाया। वे साथ में एक तमिल गीत गा रही थीं, जिसकी शुरुआती पंक्ति थी, 'मेरी प्यारी बेटी बिना परेशान किए अपनी दादी के हाथ का बना गरमागरम खाना खाएगी और फिर नींद में अप्सरा आकर उसे पसंदीदा मिठाई देगी...।' बच्ची मुसकरा रही थी। बच्ची ने मजबूती से दादी के गले में बाँहें डाल रखी थीं और उसकी आँखें गैस पर पकते नूडल्स से हट नहीं रही थीं। दादी को शायद पता था कि आगे क्या होने वाला है। चूँकि उन्होंने गैस की तरफ पीठ कर रखी थी, इसलिए उनकी आँखें गैस पर नहीं थीं, लेकिन वे खुशबू से पहचान सकती थीं। उन्होंने बच्ची को कसकर अपनी बाँहों में ले रखा था।

अचानक बच्ची मचल उठी और बाँहों से कूदने का प्रयास करते हुए चीखने लगी, 'दादी, सबकुछ गिर रहा है, गैस बंद करो।' दादी ने जान-बूझकर देर लगाई और मैगी को उफनकर बरतन के बाहर गिरने दिया। फिर उन्होंने माफी के स्वर में कहा, 'अरे, माफ करना बिटिया!' और फिर अपनी आवाज ऊँची करते हुए उन्होंने कहा, 'हे भगवान्! देख तो, बरतन का ताँबे वाला हिस्सा चमक रहा है। इसका मतलब है मैगी से ढुलने वाले पदार्थ में कोई रसायन था, जिसने बरतन के बाहरी हिस्से को पूरी तरह साफ करके चमका दिया था। मैं अपनी प्यारी बिटिया के पेट को इस रसायन से नुकसान नहीं पहुँचने दूँगी।' बच्ची को पता ही नहीं चला कि किस बात ने उसे प्रभावित किया! अगले दस मिनट तक दादी खुद से बात करने के लहजे में रेडीमेड फूड और घर पर बने खाने के फर्क पर बोलने लगीं। इसके अंत में बच्ची अपनी पसंदीदा रोटी और आलू की सब्जी खा रही थी। इसके बाद वह दादी के गले में बाँहें डाले चुपचाप सोने चली गई। यह सबक अगले दिन फिर दोहराया गया। उसके 20 साल बाद तक कोई फास्ट फूट मेरे किचन में नहीं आया, क्योंकि मेरी बेटी ने ही दादी से मिले सबक के बाद उस पर पाबंदी लगा दी थी।

> फंडा यह है कि फैमिली मैनेजमेंट एक कला है, जिसे दादा-दादी, नाना-नानी के अलावा कोई मैनेजमेंट स्कूल नहीं सिखा सकता।

देने का सुख, आपका दुःख कम कर देता है

यह कोई रहस्य की बात नहीं है कि हर महीने के पहले हफ्ते में देशभर के किराना दुकानों का अच्छा व्यवसाय होता है, क्योंकि वेतन मिलने के बाद वेतनभोगी लोग इन दुकानों पर महीने का सामान खरीदने जुटते हैं। मुंबई इसका अपवाद नहीं है, इसलिए मेरी प्राथमिकता महीने के आखिर में किराना सामान खरीदने की रहती है, ताकि भीड़ से बचा जा सके। यह माह अपवाद रहा। मैंने पहले हफ्ते में खरीदारी की और मैं उस स्टोर के बिलिंग काउंटर के सामने लगी लंबी कतार में फँस गया।

जब मैं कतार में खड़ा था तो 10-12 साल के लड़के ने मेरा ध्यान खींचा। उसने चटकीले पीले रंग की शर्ट पहन रखी थी, जो स्टाफ के हरे यूनीफॉर्म से एकदम विपरीत थी। वह मैनेजर के क्यूबिकल के समीप की कुरसी पर अकेला बैठकर स्टीक चॉकलेट का लुत्फ उठा रहा था और साथ में कॉमिक बुक भी पढ़ता जा रहा था।

अचानक स्टाफ की एक महिला ने उसे पुकारा। उसने मैनेजर की टेबल पर जल्दी से पुस्तक रखी और उस महिला के साथ चला गया। मैनेजर ने टेबल से बुक उठाई और जहाँ बच्चा पढ़ रहा था, उस जगह बुक मार्क लगाकर उसे अपने पास रख लिया। यह देखकर मुझे यह लगना स्वाभाविक था कि वह बच्चा मैनेजर का बेटा है।

उस भीड़ में मेरी निगाहें उस बच्चे का पीछा कर रही थीं। मैंने देखा कि गहरे साँवले रंग के एक भारी-भरकम व्यक्ति ने उसका अभिवादन किया, जो बड़ा ही रईस लग रहा था। मुझे आश्चर्य यह हुआ कि वह बच्चा सांकेतिक भाषा में बातचीत कर रहा था और ऐसा लग रहा था कि वह उस विदेशी से बहस कर रहा था, लेकिन वही बच्चा स्टाफ की महिला के साथ बातचीत करते वक्त बड़ा शांत दिखाई दिया। पहले मैंने सोचा कि वह उस व्यक्ति और स्टाफ की महिला के बीच अनुवादक की भूमिका निभा

रहा है। हालाँकि, वह व्यक्ति विदेशी तो दिखाई नहीं देता था, लेकिन बात ऐसी नहीं थी। मेरे पीछे खड़े एक नियमित ग्राहक ने बताया कि वह व्यक्ति विशेष योग्यतावाले लोगों में से था, जो बोल व सुन नहीं सकते और वह लड़का सांकेतिक भाषा में माहिर है। उस स्टोर ने अपने ऐसे ग्राहकों से व्यवहार के लिए लड़के की सेवा ले रखी थी।

सैम ऑस्टिन नाम का यह लड़का उस ग्राहक के साथ स्टोर में 15 मिनट तक घूमता रहा और स्टोर से किराना सामान खरीदने में उसकी मदद की। सैम ऑस्ट्रेलिया का है और दो साल पहले मुंबई आया था, क्योंकि उसके पिता ऑइग रिंग के निर्माण का काम करते हैं। वह हर माह के पहले शनिवार को चार घंटे के लिए स्टोर में आता है और वहाँ आनेवाले कुछ विशेष लोगों की मदद करता है। वास्तव में वह ऐसे पाँच लोगों को ही जानता है, जो स्टोर में आते हैं।

मैं उसके पास पहुँचा और शुरुआती परिचय के बाद उससे पूछा कि उसने यह भाषा कैसे सीखी? उसने तपाक से जवाब दिया, 'मेरी माँ उनमें से एक है और मैं रोज उनसे ऐसे ही बात करता हूँ। वास्तव में जिंदगी में मैंने बोलना जरा देर से सीखा, क्योंकि मेरी माँ ने उस तरह तो मुझसे कभी बात नहीं की।' उसने चेहरे पर चौड़ी सी मुसकान बिखेरते हुए कहा, 'महीने में एक बार जब मैं यहाँ आकर यह काम करता हूँ तो मेरी माँ बहुत खुश होती हैं।' यह कहकर वह अपनी माँ के पास चला गया, जिनकी आँखें गर्व से नम हो आई थीं, यह ऐसा दुर्लभ दृश्य था, जिसका साक्षी बनने का मुझे सौभाग्य मिला। मुझे ऐसा लगा, जैसे मैं किसी 60 वर्षीय व्यक्ति से जीवन का फलसफा समझ रहा हूँ! उसके चेहरे पर एक पल के लिए उदासी आई, फिर तुरंत ही गर्व की भावना ने उसका स्थान ले लिया।

> फंडा यह है कि जरूरतमंद की मदद के लिए किया गया कोई काम कितना ही छोटा क्यों न हो, निश्चित रूप से वह आपके दर्द को कम करने या कम-से-कम उसका कुछ हिस्सा दूर करने में मददगार होता है।

काम के स्वस्थ माहौल का आधार है भरोसा

जब मैंने इस अखबार के लिए 2015 में 'नॉलेज सीरीज लैक्चर' की शुरुआत उज्जैन से की तो दो दिन पहले मैं इंदौर के सयाजी होटल में ठहरा था। मुख्य द्वार से होटल में प्रवेश करने से पहले ही मेरी आँखें सतीश को खोजने लगीं, जो पोर्च बैल डेस्क का नियमित चेहरा था, लेकिन वह वहाँ मौजूद नहीं था। करीब 15 साल पहले सतीश ने पोर्च बैल डेस्क पर काम के साथ अपना कॅरियर शुरू किया था। आमतौर पर बैल डेस्क के कर्मचारियों में कई हुनर होने चाहिए, लेकिन उसमें कुछ ही थे। होटल में आनेवाले कस्टमर चाहते हैं कि पोर्च बैल डेस्क तेजी से काम करे, उन्हें पार्किंग स्लिप दे, उनकी कार पार्किंग एरिया तक ले जाए और इसी तरह जब वे स्लिप दिखाएँ तो फुरती से कार लाकर दे। आमतौर पर यहाँ कस्टमर्स को खूब बहस करते देखा जा सकता है, क्योंकि इसलिए कि दुनिया लोगों का आकलन उनकी कार के साइज के आधार पर करती है।

बैल डेस्क कर्मचारियों को सिर्फ सभी तरह की हाई-एंड कारों को चलाने का ज्ञान होना चाहिए, बल्कि नाराज कस्टमर को पूरी शांति के साथ संतुष्ट करना भी आना चाहिए। किंतु सतीश को ड्राइविंग नहीं आती थी। वह कार को न्यूट्रल गियर में डालकर हाथ से धक्का देते हुए साइड में ले जाता था। पार्किंग कर्मचारी उससे चाबी लेकर कार को पार्किंग तक ले जाता था। कार हाई प्रोफाइल कस्टमर की हो सकती है। लोग जल्दी में होते हैं और यहाँ तक कि नशे में भी रहते हैं। ऐसे में कार लेने में देरी हो या कार की चाबी देने में देरी हो तो पोर्च एरिया में हंगामा हो जाता है। होटल में कॉन्फ्रेंस या शादी हो रही है तो बेहतर है कि पैदा होने वाली स्थिति के बारे में बात ही न की जाए। सतीश करीब 15 साल से उन नाराज कस्टमर्स का पंचिंग बैग बना हुआ था, लेकिन उसने कभी अपना धैर्य नहीं खोया, यहाँ तक कि घोर अपमानजनक

शब्दों के इस्तेमाल पर भी उसने अपना संतुलन कभी नहीं खोया।

समय के साथ सतीश ने खराब मूड में आए कस्टमर से निपटने की कला अच्छी तरह सीख ली, ड्राइविंग सीख ली और इस साल उसे प्रमोट कर होटल के ड्राइवरों का प्रमुख बना दिया गया और केबिन भी दे दिया गया। यही कारण था कि वह बैल डेस्क पर मौजूद नहीं था। अपना काम खत्म करने के बाद जब मैं एयरपोर्ट जाने के लिए निकला, मैंने एक और जाना-पहचाना चेहरा ड्राइविंग सीट पर देखा—देवास में रहनेवाले बसंत गावी का। बहुत ही जिम्मेदार ड्राइवर, जिसके लिए मेहमान की सुरक्षा ही सबसे अहम है और इसलिए वाहन की सुरक्षा उससे भी ज्यादा महत्त्वपूर्ण।

वह कभी किसी को सामान उठाने नहीं देता और खुद दरवाजा बंद करता है, क्योंकि उसे डर लगता है कि लोग उसकी कार को नुकसान पहुँचा देंगे। वह अपनी कार को नई दुलहन की तरह देखता है—हर समय उसका ध्यान रखता है। जबकि कार छह साल पुरानी है और इस हफ्ते सोमवार तक 1,58,000 किलोमीटर चल चुकी है। इंदौर में काफी संख्या में मौजूद स्पीड ब्रेकर पर वह कार ऐसे चलाता है, जैसे कोई सिल्क की साड़ी चेहरे पर आहिस्ते से खींच रहा हो! कार के निचले हिस्से की रक्षा ऐसे करता है, जैसे कोई गर्भवती माँ अपना खयाल रख रही हो! अचरज नहीं कि नियमित मेंटीनेंस के अलावा कार कभी मरम्मत के लिए नहीं गई। जीरो मेंटीनेंस और कर्मचारी की ओनरशिप की भावना ही इसका एक कारण है कि एयरपोर्ट ड्रॉप डिवीजन के सभी 11 ड्राइवरों के पास अपने लिए एक कार है। अगर कोई कर्मचारी छुट्टी पर या साप्ताहिक अवकाश पर है तो कार उस दिन खड़ी रहती है। प्रबंधन उन पर भरोसा करता है और ड्राइवर कभी उस विश्वास को नहीं तोड़ते। यहाँ तक कि अगर इंजीनियरिंग की कोई छोटी समस्या आती है तो वे खुद ही उसे ठीक कर लेते हैं, वर्कशॉप नहीं ले जाते।

> फंडा यह है कि बढ़ते हुए वेतन और जिम्मेदारी के साथ नियमित अंतराल पर अपना हुनर बढ़ाते रहना—जैसा सतीश ने किया और नियोक्ता और कर्मचारी में विश्वास बनाए रखना—जैसा गावी और प्रबंधन के बीच है—काम के माहौल को स्वस्थ बनाए रखता है।

अपनी जिंदगी अपनी शर्तों पर जीएँ

जोधपुर में इस गुरुवार को दो घंटे में हुई 22 एम.एम. बारिश ने शहर की सड़कों को वास्तव में नदी में तब्दील कर दिया था। 33 साल के जीतेंद्र वर्मा मेरी कार चला रहे थे। वे मुझे वहाँ ले जा रहे थे, जहाँ मुझे इस अखबार की नॉलेज सीरीज के तहत सभा को संबोधित करना था। चूँकि सार्वजनिक कार्यक्रम था और लोगों के जल्दी पहुँचने की संभावना थी, मैं उन्हें वाहन तेज चलाने को कहने ही वाला था, क्योंकि वे पानी से भरी सड़कों पर बहुत धीरे गाड़ी चला रहे थे, लेकिन मैंने देखा, वे परेशान हैं। वे परेशान थे कि शहर के कार मालिकों को सड़क से गुजर रहे दुपहिया वाहन सवारों की कोई परवाह नहीं है और वे पहले से ही भीगे बाइक चालकों पर गंदा पानी उड़ाते हुए जा रहे हैं। यह घोर स्वार्थी रवैया था। मैं इसे इस नजरिए से नहीं देख पाया था।

वे भुनभुनाए, 'पढ़े-लिखे होने का क्या मतलब अगर अपने हमवतनों की भी परवाह न हो ? आज उनके पास टू-व्हीलर है और आपके पास फोर-व्हीलर। तकदीर का कोई भरोसा है क्या ? स्थिति इससे बिल्कुल विपरीत होने में कितनी देर लगती है !' वे सही कह रहे थे। मुझे भी इस बरताव पर दुःख हुआ और मैंने गति बढ़ाने का अपना अनुरोध मन में ही रहने दिया। उनकी दार्शनिक बातों ने मुझे आकर्षित किया कि उनसे बात करूँ। मैंने उनसे पूछा कि आपने कहाँ तक शिक्षा ली है ? उनके जवाब से मैं चकित रह गया—सर, बी.ए. विद डिप्लोमा इन जर्नलिज्म।

वे रिअर व्यू मिरर में मेरे चेहरे के भाव पढ़ सकते थे। उन्होंने बोलना जारी रखा : 'लोग कहते हैं, एक ग्रेजुएट टूरिस्ट कंपनी की कार का ड्राइवर क्यों बन गया ? इसका मुझे जवाब देने दीजिए सर ! मैं अपना खुद का ट्रांसपोर्ट व्हीकल चलाता हूँ, एक ड्राइवर भी अटैच है और मेरी कार यूनिसेफ जयपुर के साथ अनुबंधित है।'

उन्होंने आगे कहा, 'मेरी कंपनी मुझे सबसे ज्यादा वेतन देती है। मेरा वाहन मुझे बहुत अच्छा मुनाफा देता है और मेरा परिवार मेरी कमाई से खुश है। ऐसा नहीं है कि मैंने काम नहीं किया। मेरा पहला अखबार 'हिंदुस्तान टाइम्स' और दूसरा 'दैनिक भास्कर' था, दोनों जयपुर में हैं, लेकिन मैं हमेशा से अपना बिजनेस करना चाहता था। ट्रैवलिंग मेरा पैशन था।'

जब मैं वापस आ रहा था, वर्मा ने मुझे बताया कि उनकी पत्नी भी बी.ए. ग्रेजुएट है और जयपुर में एक प्राइवेट स्कूल में अंग्रेजी की टीचर है। उन्होंने शादी से पहले ही पत्नी को बता दिया था कि वे कहीं काम नहीं करेंगे और ट्रांसपोर्ट का अपना बिजनेस करेंगे, जहाँ ऐसी स्थिति भी बन सकती है कि उन्हें ड्राइवर के रूप में काम करना पड़े। कहीं और काम करना उनके स्वभाव में नहीं है। उनकी पत्नी इस ईमानदारी से प्रभावित हुई और बोली कि अगर पैसा ईमानदारी के रास्ते से आता है तो उसे इस बात की परवाह नहीं है कि उसका पति किस प्रोफेशन में है!

आज शादी के छह साल बाद उसके दो बच्चे—एक बेटा और एक बेटी अंग्रेजी माध्यम के स्कूल में पढ़ते हैं। उनकी टीचर पत्नी को अपने पति की अच्छाई पर गर्व है और उनके व्यवसाय पर उन्हें कोई आपत्ति नहीं है। जब समाज में कोई उनके ड्राइविंग प्रोफेशन पर टिप्पणी करता है तो वे यह कहकर उनका बचाव करती हैं कि रेल का इंजन ड्राइवर और प्लेन का पायलट भी व्यवसाय से ड्राइवर होता है। वे सिर्फ अलग-अलग मशीन चलाते हैं तो इसमें क्या गलत है अगर मेरा पति मोटर वाहन का ड्राइवर है?' उनका तर्क सुनकर उनके रिश्तेदार, समाज और जान-पहचान के लोग उन्हें एक अलग जोड़े के रूप में देखते हैं, जो अपनी जिंदगी अपनी शर्तों पर जीता है। इसलिए नहीं कि समाज इसके बारे में क्या कहेगा, दरअसल, काम का सम्मान होना चाहिए। फिर वह कोई भी काम क्यों न हो!

> फंडा यह है कि जिंदगी आपकी है और इसे अपने लिए, अपने तरीके से जीयो और अपनी शर्तों पर जीयो। जहाँ तक समाज का संबंध है : कुछ तो लोग कहेंगे, लोगों का काम है कहना।

आपकी छवि व विचार व्यक्त करता है तोहफा

पुराने आदर्शवादी विचारोंवाले लोगों को तोहफा : पूर्व राष्ट्रपति डॉ. अब्दुल कलाम अभी एक समारोह से लौटे थे, जो दिल्ली में कई बड़े स्कूल चलाने वाले एक बड़े ग्रुप ने आयोजित किया था। वे बहुत दु:खी थे और उन्होंने इस बात की परवाह न करते हुए कि घर पर कुछ आगंतुक उनका इंतजार कर रहे हैं, फोन पर किसी को बुरी तरह डाँटना शुरू कर दिया।

आखिर में स्कूल के चेयरमैन वहाँ आए, जिन्होंने उन्हें एक कोट क्लॉक दी, यह वैसी चैन वाली घड़ी थी, जैसी गांधीजी अपनी कमर में लटकाया करते थे। कलाम किसी से भी किसी तरह का तोहफा स्वीकार नहीं करते। वे इस कायदे के बहुत पाबंद हैं। यहाँ तक कि डॉ. कलाम की लिखी पुस्तकें जो कॉम्प्लीमेंट्री कॉपी के रूप में दी जाती हैं, उनकी कीमत भी वे किताब की रॉयल्टी के बैंक अकाउंट में चैक से जमा कराते हैं। वे बमुश्किल अपनी किताबों की नि:शुल्क कॉपी प्रकाशक से स्वीकार करते हैं। उस दिन डॉ. कलाम ने किसी भी आगंतुक से मुलाकात नहीं की जब तक कि कोट क्लॉक स्कूल के चेयरमैन ने उनके यहाँ आकर वापस नहीं ले ली।

उपहार उन लोगों के लिए, जो आधुनिक विचारों के हैं : हाल ही में अलवर-जयपुर-मुंबई की अपनी ट्रिप में मैं एक अमीर बिजनेसमैन से मिला। वे भी इसी तरह यात्रा कर रहे थे। उनकी कार रास्ते में खराब हो गई थी, चूँकि मैं भी अलवर-जयपुर और उसके आगे मुंबई के रूट पर ट्रैवल कर रहा था, मैंने उन्हें लिफ्ट ऑफर की। उनके पास एक बैग था, जो काफी स्टाइलिश था, जबकि अन्य हैंड बैग थे, जो या तो कागज के थे या कपड़ों के। इससे उन नियमित यात्री के प्रति मेरे मन

में जिज्ञासा हुई, जिनके बारे में मुझे लगा कि वे हमेशा कम वजन के साथ यात्राएँ करते होंगे। उन्होंने मेरा चेहरा देखकर मेरी जिज्ञासा को जान लिया और स्वेच्छा से अनकहे सवाल का जवाब देने लगे, 'मेरे कड़ाई से इनकार करने के बावजूद मेरी कंपनी के एक वेंडर ने इसे स्वीकारने के लिए मुझसे अनुरोध किया, इस स्थिति में मैं उसे इनकार नहीं कर सका।' रास्ते में उन्होंने अच्छे से पैक किए गए उन गिफ्ट को खोलना शुरू किया, ताकि उन्हें अपने सूटकेस में एक साथ रख सकें और आगे की यात्रा सिर्फ एक हलके बैग के साथ हो सके। गिफ्ट के रैपर काफी अच्छी क्वालिटी के थे, जिससे यह उम्मीद हो रही थी कि उपहार काफी महँगे होंगे। जब उन्होंने उस उपहार को खोला तो दो ऑफिस मग निकले और मैंने देखा कि व्यापारी का चेहरा धीरे-धीरे लाल हो गया। कम वजन के वे बोन चायना मग चीन से मँगवाए गए थे—निर्माता का नाम भी लिखा था। और मग के दोनों तरफ इंडियन वेंडर के लोगो चटकीले रंग में बने थे।

अनुभवी बिजनेसमैन ने तुरंत कहा, 'अगर आप मग के नीचे की ओर देखेंगे तो पता चलेगा कि यह कितना सस्ता प्रोडक्ट है' और मग को मुझे दिखाने के लिए उसे उलट दिया। मुसकराते हुए उन्होंने मग के नीचे का वह हिस्सा मुझे दिखाया। इसके बाद उन्होंने एक शब्द भी नहीं कहा और गिफ्ट के अन्य पैकेट नहीं खोले। उन्होंने उन कॉफी मग्स को फिर से पैक कर दिया। वे अचानक बहुत हलका महसूस करने लगे, शारीरिक रूप से भी और दिल से भी। यही कारण था कि बाद में उन्होंने इस बारे में एक शब्द भी नहीं कहा, जबकि हम दोनों ने आगे चार घंटे साथ में यात्रा की। जब उपहार की बात आती है तो उसे तलाशने का सबसे अच्छा तरीका यह है कि वह देने वाले और ग्रहण करनेवाले दोनों को खुश करे। सबसे अच्छा उपहार वह है जो पाने वाले को वह संदेश दे जो आप देना चाहते हैं या यह पाने वाले को दरशाए कि आप उनके बारे में क्या सोचते हैं, कुछ भी विशिष्ट कहे बिना। उपहार प्रेरणादायी, सुंदर, अद्भुत, आकांक्षापूर्ण, आश्चर्यजनक, रुचिकर, संतोषप्रद, मनोरंजक और उपयोगी होना चाहिए।

फंडा यह है कि तोहफा देना एक कला है। यह आपकी छवि और आपके विचार के तरीके को प्रदर्शित करता है।

□

मुसीबत के वक्त गरीब ही अमीरी दिखाते हैं

शुक्रवार को मुंबई के लोगों से घरों से न निकलने को कहा गया। 48 घंटों तक। 500 एम.एम. बारिश के बाद, जो 15 दिन की बारिश के बराबर थी, देश की आर्थिक राजधानी बरबाद हो रही थी। वह सँभलने के लिए संघर्ष भी कर रही थी। इससे पहले 26 जून, 2005 को हुई बारिश में कई लोगों की जानें गईं, करोड़ों रुपए मूल्य की प्रॉपर्टी बरबाद हो गई। उस बदहवास बारिश के अनुभवों के बाद से मुंबई आज भी कँपकँपाती है।

24 घंटे भारी बारिश की चेतावनी से मैं थोड़ा ज्यादा परेशान था। मुझे 'दैनिक भास्कर नॉलेज सीरीज' के दूसरे चरण के लिए ग्वालियर जाना था। मैंने किसी परेशानी से बचने के लिए एक दिन पहले निकलने का फैसला किया। जैसे ही मैं घर से निकला, कुछ सौ मीटर बाद मुझे शहर जद्दोजहद करता नजर आया। ट्रैफिक का बुरा हाल था। घुटनों तक पानी में डूबे पास की झुग्गी के कुछ लड़के ट्रैफिक को सँभालने की कोशिश कर रहे थे। मुझे पता चला कि वे यह काम पिछले 10 घंटों से कर रहे हैं। वहाँ कई मेनहोल या तो बह गए थे या डैमेज हो चुके थे। वे लड़के किसी भी खतरे से वहाँ पहुँच रही गाड़ियों को बचाना चाहते थे।

मुझसे कुछ आगे खड़ी गाड़ी में से एक अमीर एडवेंचर के शौकीन व्यक्ति ने अपनी कार की खिड़की कुछ पूछने के लिए खोली। ऊपर से नीचे तक भीग चुके उनमें से एक लड़के ने उनकी बात ठीक से सुनने के लिए कार की खिड़की से सिर भीतर डाला। अचानक एक छह महीने का पिल्ला कार से उस लड़के पर कूद पड़ा। लड़का पीछे हट गया, लेकिन वह पिल्ला सीधे मेनहोल में जा गिरा।

वो 10 सेंकड अवाक् रह गया। कार का मालिक चिल्लाया, 'ओएस्टर!' लोगों के मुँह से चीख निकली, 'ओह गॉड!' वे सिर्फ दस सेकंड थे, लेकिन वहाँ मौजूद ज्यादातर लोग उस सफेद प्यारे-से पिल्ले की आत्मा की शांति के लिए दुआ माँग चुके होंगे। 11वें सेकंड में मैंने देखा कि दो लड़के उस मेनहोल में बिना सोचे कूद पड़े हैं। लोगों की चिंता बढ़ गई। अब सवाल तीन जिंदगियों का था।

बारिश थमने का नाम नहीं ले रही थी। और विकराल होती जा रही थी। मानो एक दिन में ही मुंबई की सारी धूल बहा ले जाना चाहती हो। तीसरा लड़का अपने स्वीमिंग ग्लास पहने उन दो लड़कों को बचाने की कोशिश करने लगा। उससे मेनहोल से हाथ बाहर नजर आ रहा था। लड़कों ने एक पिरामिड जैसी चेन बना ली और उसे खींच लिया। लड़के ने इशारे से उन्हें कुछ बताया और अपने पैरों की तरफ कुछ दिखाने लगा। उन लड़कों ने जल्दी उसे बाहर निकाला और उसके पैर को एक हाथ से पकड़े दूसरे लड़के को भी बाहर निकाला। और एक उसके पैर को एक हाथ से पकड़े दूसरे लड़के ने अपने दूसरे हाथ में पिल्ले को पकड़ रखा था।

बारिश का पानी उस सफेद पिल्ले पर जमा कीचड़ को धीरे-धीरे साफ करने लगा। उस पिल्ले ने अपने शरीर को झाड़ा। कीचड़ के छींटे उड़कर आसपास खड़े लोगों पर गए, लेकिन वह पिल्ला सफेद होता गया। बिना किसी अपेक्षा के उन लड़कों ने उस पिल्ले को नहलाया और उसके मालिक ने सौ रुपए का नोट निकाला और उन लड़कों को पकड़ाते हुए कहा, 'चाय पी लेना प्लीज, आप सब भीगे हुए हो।'

पीछे से लोग हॉर्न बजा रहे थे। इसलिए कारवाले ने एक्सेलेटर थोड़ा तेज दबाया। उससे गटर का पानी उन सब लड़कों पर चला गया। हालाँकि लड़कों को कोई फर्क नहीं पड़ा। लेकिन अमीरों की उस असंवेदनशीलता का असर मुझ पर हुआ। मैंने ऊपर देखा और बारिश देनेवाले को शुक्रिया किया, मुझे सीख देने के लिए। वह कार अब मेरे दाएँ ओर थी। मैंने खिड़की के शीशे पर उस पिल्ले को खड़ा देखा। दोनों पैर शीशे पर थे, मानो वह मेरे साथ बारिश देनेवाले का शुक्रिया कर रहा हो!

फंडा यह है कि मुश्किल समय में गरीब अपनी अमीरी दिखाते हैं और अमीर खोखले नजर आते हैं।

□

साल के हर दिन होता है फादर्स डे

'पिताजी, मुझे आपसे बात करनी है,' 23 वर्षीय युवक ने अपने पिता शेखर नायर से कहा, जो मेरे साथ बैठे थे। कुछ देर पहले ही हम उनके बेटे के बारे में चर्चा कर रहे थे और शेखर बता रहे थे, 'वह मदर्स डे कभी नहीं भूलता। मुझे लगता है कि उन सारे कॉरपोरेट रिमांइडर्स के बीच यह याद रखना कठिन है। वह बहुत सावधानी से मेरी पत्नी, उमा के लिए तोहफे और कार्ड का चयन करता है, लेकिन जब 'फादर्स डे' की बात आती है, फिर वह मुझे जल्दी में लिखा कार्ड देता है और हाथ मिलाता है। बात खत्म, लेकिन इस वर्ष तो मुझे कार्ड भी नहीं मिला।' वे मेरे इस प्रश्न का उत्तर दे रहे थे कि 'फादर्स डे' कैसे बीता ? इस 50 वर्षीय नए युग के व्यवसायी के लिए पुत्र का फादर्स डे भूलना कोई बड़ी बात नहीं थी, हालाँकि इससे वे थोड़े विचलित तो दिखाई दिए। जब वे युवा थे तो उनके पिता उनके विपरीत, शेखर हमेशा यह सुनिश्चित करते थे कि वे बेटे के लिए अलग से वक्त निकालें। लंदन यूनिवर्सिटी और सेविले यूनिवर्सिटी के एक शोध में दावा किया गया है कि आज के पिता अपने बच्चों के साथ रोज औसतन 35 मिनट बिताते हैं, 1970 की तुलना में बहुत बड़ा फर्क है, जब पिता बच्चों के साथ सिर्फ पाँच मिनट बिताया करते थे।

मुझे साफ-साफ याद है कि मैं पिताजी के साथ रोज 10 मिनट से ज्यादा वक्त नहीं गुजारता था और उसमें भी ज्यादातर समय उनके द्वारा रोजमर्रा की रिपोर्ट लेने में ही बीत जाता था। शाम को मित्रों के साथ उनकी बातचीत। उस समय मैं भी वहीं हुआ करता था। मित्रों के साथ बातचीत में मेरे पिता अपना हाथ मेरे सिर पर रखते, धीरे-धीरे सहलाते और उँगलियों से मेरे बाल सँवारते। वह अलौकिक अनुभव होता—'मुझे तुम्हारी परवाह है बेटे,' यह भावना अनकहे व्यक्त हो जाती।

शेखर ने कहा, 'बेटे, बता क्या बात है?' युवक के चेहरे पर चिंता के भाव थे। उसने धीमे से शुरुआत की, 'पिताजी, मैं अपनी मौजूदा जॉब छोड़ना चाहता हूँ। मैं इसमें खुश नहीं हूँ।' शेखर ने तपाक से जवाब दिया, 'तो क्या हुआ, छोड़ दो।' बेटे ने कहा, 'लेकिन समस्या यह है कि मेरे सामने अभी कोई जॉब नहीं है और मैं नई जॉब मिलने तक इंतजार भी नहीं कर सकता, मैं तो आज ही यह जॉब छोड़ना चाहता हूँ।' शेखर अपनी जगह से उठे, बेटे के कंधों पर हाथ रखा और कहा, 'मेरे बहादुर बच्चे, जो तुम्हारा दिल कहता है, वह करो। नौकरियाँ तो आएँगी और जाएँगी। जॉब मार्केट में बात चला दो, कंपनियाँ तुम्हें ढूँढ़ते हुए आएँगी। मुझे यह अच्छा नहीं लगता कि तुम्हारे जैसा नौजवान जॉब जैसी चीजों की चिंता करे।' पिता ने सहलाया और कहने लगे, 'मैं तुम्हें एक बात बताता हूँ। मैं तुम्हें अपने बिजनेस में तभी शामिल करूँगा, जब तुम बाहर काम-काज के पाँच साल पूरे कर लोगे। तब तक नई जगहों, नए बिजनेस और नई नौकरियों के प्रयोग करते रहो।' पिता के इस स्पर्श ने युवक में राहत का अहसास पैदा किया। उसकी आँखें मुसकराने लगीं और अनकहे हम दोनों को धन्यवाद देने लगीं। जाने से पहले उसने अपने पिता से कहा, 'मैं रविवार से ही तनाव में था और इसलिए 'फादर्स डे' पर आपको विश भी नहीं कर सका। आई एम सॉरी। बिलेटेड फादर्स डे।' उसने प्यार से पिता को चूमा और वहाँ से चला गया। और अब मैं देख सकता था कि 50 वसंत देख चुकी आँखें नम हो आई थीं, कुछ शर्मिंदा थीं। फिर शेखर ने चुपचाप कहा, 'ऐसा लगता है कि साल का हर दिन ही 'फादर्स डे' है।'

फंडा यह है कि मुश्किल समय में गरीब अपनी अमीरी दिखाते हैं और अमीर खोखले नजर आते हैं।

आरोप लगाने से सफाई माँगना बेहतर

रूपेश (28) और नव्याश्री (26) की 14 महीने पहले शादी हुई थी। दोनों अपने-अपने कॅरियर में अच्छी तरह स्थापित थे। नव्याश्री कर्नाटक पावर ट्रांसमिशन कॉरपोरेशन (के.पी.टी.सी.एल) में जूनियर इंजीनियर के रूप में कार्यरत थी, जबकि रूपेश सेंट्रल फूड टेक्नोलॉजिकल रिसर्च इंस्टीट्यूट (सी.एफ.टी.आर.आई) में रिसर्च स्कॉलर। दोनों ही कर्नाटक के मैसूर में थे।

दोनों एक साथ का आनंद ले रहे थे और अपने काम का भी। दोनों में कोई मतभेद नहीं हुआ था, जैसा कि आमतौर पर परिवारों में देखा जाता है। पिछले शनिवार को नव्याश्री बाथरूम में अपने बाल धो रही थी, जिसमें सामान्य से अधिक समय लग रहा था। बाहर इंतजार करते हुए बोर हो रहे रूपेश ने नव्याश्री के मोबाइल में गेम खेलने के दौरान दोनों के बीच जो बातचीत हुई, उसमें रूपेश ने गेम्स की पसंद के लिए नव्याश्री की तारीफ की। अचानक व्हाट्सएप पर एक अनरजिस्टर्ड नंबर से मैसेज आया। उसमें स्थानीय फिल्म स्टार के संदर्भ के साथ लिखा था, 'आप बहुत सुंदर हैं और मैं आपको मिस कर रहा हूँ।'

रूपेश इस मैसेज को देखकर दु:खी हुआ, उसे गहरा आघात लगा। उसे शक हुआ कि उसकी पत्नी का किसी से विवाहेत्तर संबंध है। इससे पहले कि वह वॉशरूम से बाहर आती, रूपेश बिना कुछ कहे ही घर से बाहर चला गया। जब वह लौटा तो आपे में नहीं था। व्हाट्सएप मैसेज पर दोनों में बहस हुई। नव्याश्री ने समझाने की कोशिश की कि वह उस व्यक्ति को नहीं पहचानती है। जोर देकर समझाने और मैसेज भेजनेवाले को कॉल कर संदेह दूर करने के अनुरोध के बावजूद रूपेश संतुष्ट नहीं हुआ। उसने नव्याश्री से बात करना पूरी तरह बंद कर दिया। यह मूक यातना पूरे वीकेंड और सोमवार तक भी जारी रही। तब नव्याश्री ने फोन और एस.एम.एस. के

जरिए रूपेश से ऑफिस में संपर्क करने की कोशिश की। जब वह दोपहर के भोजन के लिए घर आया तो उसके माता-पिता ने भी नव्याश्री का साथ दिया, लेकिन वह एक भी शब्द कहे बिना चला गया।

सोमवार शाम को जब नव्याश्री काफी देर तक कमरे से बाहर नहीं आई तो ससुरालवालों को संदेह हुआ। उन्होंने दरवाजे पर दस्तक दी। उसने जवाब नहीं दिया, तो खिड़की से झाँककर देखा और पाया कि वह पंखे से झूल रही थी। उसने कोई सुसाइड नोट नहीं लिखा था। एक नया परिवार पूरी तरह महकने से पहले ही खत्म हो गया। तकनीकी खामियाँ या शरारत हमारे देश में कई जिंदगियाँ ले रही हैं। दुनियाभर के विशेषज्ञों ने संबंधों के बीच संदेह पैदा होने की स्थिति में पाँच सूत्रीय योजना दी है। चाहे संदेह किसी भी रिश्ते-एंप्लॉय या एंप्लॉई, माता-पिता और संतान, किसी के भी बीच हों। इस बिंदुओं में शामिल हैं—

1. यह बताएँ कि आपकी मंशा स्पष्टीकरण पाने की है, आरोप न लगाएँ।
2. व्यक्ति के जिस व्यवहार ने आपको उदास किया/संदेह में डाला, उसे साफ-साफ बताएँ।
3. एक क्षण खुद को रोकें और ध्यान से सुनें कि वह व्यक्ति या पार्टनर क्या कह रहा है?
4. इस बारे में फिर सोचें कि व्यक्ति या पार्टनर से आपने क्या सुना और समझा। इससे दुविधा और गलत धारणा को दूर रखा जा सकता है।
5. यह बहुत महत्त्वपूर्ण है कि आप शांत बने रहें और अपने लहजे को भी शांत रखें, ताकि आप दोनों खुद को लड़ाई की स्थिति में पहुँचने से रोक सकें।

संस्थाओं में यह बहुत जरूरी है कि बातचीत को इस नजरिए से देखें कि दोनों पक्ष एक ही टीम में हैं और टीम समस्या के समाधान की निष्पक्ष कोशिश कर रही है। इसी कारण हमेशा कहा जाता है कि लोगों ने मैनेजर के कारण संस्था छोड़ दी। यह परिवारों के मामले में और महत्त्वपूर्ण हो जाता है।

> फंडा यह है कि संबंध तभी सबसे अच्छे होते हैं, जब सफाई माँगने की स्थिति में हों, न कि तब, जब एक-दूसरे पर आरोप लगाए जा रहे हों।

करुणा से दिखाई देता है हमारी जिंदगी का रहस्य

चेन्नई की मेरी ट्रिप कभी मरीना बीच का चक्कर लगाए बिना पूरी नहीं होती। अमेरिका के फ्लोरिडा के बाद यह दुनिया का दूसरा सबसे बड़ा बीच है। परिवार में एक विवाह समारोह के बाद कुछ युवाओं ने मुझसे बीच घुमाने का आग्रह किया, जिसे मैंने तुरंत खुशी से स्वीकार कर लिया। मीलों-मील तक पैदल चलने का आह्वान करते इस बीच पर कई छोटी दुकानें हैं, जहाँ बहुत वाजिब दाम पर परंपरागत चेन्नई स्पेशल 'थेंगा माँगा पट्टानी सुंदल' (टी.एम.पी.एस.—थोड़े से कढ़ी पत्ते के साथ कच्चे आम की कतरन, घिसा हुआ ताजा नारियल और तेल में हलके से फ्राई किए उबले चने) बेचा जाता है। हालाँकि और भी कई चीजें यहाँ बेची जाती हैं, लेकिन टी.एम.पी.एस. बाहरी पर्यटकों और स्थानीय गरीब लोगों को खूब पसंद है।

मरीना बीच की एक खासियत यह भी है कि शहर में गरमी के बावजूद सूर्यास्त के बाद शाम के समय वहाँ तापमान पाँच से छह डिग्री कम हो जाता है। यहाँ भारी भीड़ का एक कारण यह भी है। विशेष रूप से स्थानीय लोग असहनीय गरमी से बचने के लिए बीच पर उमड़ पड़ते हैं। मेरे साथ बीच पर सैर पर आए सभी नौ युवा स्थानीय थे। उन्होंने मेरे पसंदीदा टी.एम.पी.एस को डाउन मार्केट प्रोडक्ट बताया और अपनी खास चॉकलेट कैंडी लेने के लिए अमूल ब्रैंड के पहियों वाले आइसक्रीम पार्लर की ओर चले गए।

इस ब्रैंड का जिक्र करने की एक वजह यह है कि बीच पर बड़ी संख्या में अरुण आइसक्रीम की ट्रॉलीवाले रहते हैं। यह एक स्थानीय ब्रैंड है, जिसने राष्ट्रीय ब्रैंड अमूल के आभामंडल में सेंध लगा दी है, खासकर अपनी कम कीमत के कारण, जो

निम्न-मध्यम वर्ग को रास आती है। जब हम अमूल पार्लर पहुँचकर अपनी पसंदीदा आइसक्रीम का ऑर्डर दे रहे थे, तभी दो छोटी लड़कियाँ अपने बुजुर्ग अभिभावक के साथ वहाँ पहुँचीं। मुझे आश्चर्य हुआ। आइसक्रीम की कीमत उनके आर्थिक स्तर से मेल नहीं खाती थी, कम-से-कम उनके पहनावे से तो ऐसा ही लगता था।

एक लड़की ने पार्लरवाले से कहा, 'क्या मुझे दस आइसक्रीम मिलेंगी?' और 100 रुपए दिए। पार्लर के मालिक ने जवाब दिया, 'सौ रुपए में सिर्फ तीन आइसक्रीम आएँगी और अगर तुम्हें इससे ज्यादा चाहिए तो अरुण पार्लर जाना चाहिए।' लड़की ने कहा, 'मैं वहाँ गई थी, लेकिन वहाँ दस रुपए वाली कैंडी खत्म हो गई है।' मालिक ने फिर कहा, 'अमूल की दस रुपए वाली कोई आइसक्रीम नहीं आती' और उसने हमारी तरफ देखा। चूँकि हम अधिक पैसा चुकानेवाले ग्राहक नजर आ रहे थे। उसने तमिल में कहा, 'जाने कहाँ-कहाँ से चले आते हैं।'

लड़की के साथ आए बुजुर्ग ने उसके कंधे को थपथपाया और आँखों के इशारे से कहा, 'यह जगह हमारे लिए नहीं है। मैं इससे ज्यादा खर्च नहीं कर सकता।' मेरे साथ आए लड़कों ने एकदम अप्रत्याशित काम किया। उन्होंने आइसक्रीमवाले से कहा कि लड़की को दस चॉकलेट दे दो और जो पैसे मैंने उन्हें दिए थे, वह उसे दे दिए। उन अनाथ बालिकाओं के बुजुर्ग केयरटेकर की आँखें शुष्क, वीरान बनी रहीं। शायद इन बच्चों को सँभालते-सँभालते उसके आँसू खत्म हो गए थे।

मैं कुछ दूरी पर रेत पर बैठा उन्हें देख रहा था। पैसे चुकाने के बाद वे मेरे पास दौड़कर आए और बोले, 'अंकल, आइए टी.एम.पी.एम. लेते हैं, मरीना बीच की सैर शहर के पसंदीदा खाने के बिना पूरी नहीं हो सकती।'

टी.एम.पी.एम. के लिए अचानक उमड़े प्यार ने बीच को और शीतल कर दिया तथा मेरे पर्स के साथ दिल को भी अमीर बना दिया। टी.एम.पी.एम. में खट्टा, कच्चा आम इतना मीठा लग रहा था कि शाम के शानदार वेडिंग डिनर को मैंने गच्चा दे दिया। बाद में लौटते हुए मैंने उन्हें डेनिश आइसक्रीम ब्रैंड की ट्रीट दी।

> **फंडा यह है कि जीवन में कुछ अजीब, लेकिन उदार काम आपको असली इनसान बनाते हैं, जो शायद आपके धरती पर जन्म लेने का कारण है।**

बड़ों जैसी जिम्मेदारी वाले छोटुओं का सम्मान करें

मुत्थु बहुत सावधानी से नाली की कुछ अँधेरी-सी गहराई में गाढ़ी, तेलीय, काली-सी गाद को साफ करने के लिए अपनी झाड़ू चला रहा था। उसकी आँखों में उम्मीद थी। हर कुछ सेकंड बाद वह निर्देश के लिए ऊपर देखता। आदेश देने वाला व्यक्ति उसे 'थांबी' पुकार रहा था। तमिल में इसका मतलब होता है, छोटा भाई, लेकिन इस संबोधन का असली मतलब हिंदी के 'छोटू' जैसा है।

मुत्थु भूमिगत नालियाँ साफ करनेवाला एक अलग तरह का सफाईकर्मी है। हर शहर में जौहरी और सुनारों के बाजारों में कई मुत्थु देखे जा सकते हैं। इन दुकानों से निकलने वाली गोल्ड डस्ट नालियों में बह जाती है, मुत्थु जैसे लोग इसी की तलाश में रहते हैं। बाद में उसी इलाके में इसे डीलर्स को बेच दिया जाता है। इसके बदले में जो मिलता है, वह इस काम में होने वाली इनसानी दुर्दशा के मुकाबले में कुछ भी नहीं है। मैंने मुत्थु को चेन्नई की यात्रा के दौरान मरीना बीच पर देखा था। वह देर रात तक कामचलाऊ होटलों की मेज साफ कर रहा था। जब मैंने उससे पूछा कि दिन के 24 घंटे कैसे बीतते हैं, तो उसने मुझे अपना दूसरा काम देखने के लिए बुलाया।

उस रोज मैंने बीच पर देखा कि एक जोड़े ने गंदी टेबल की ओर इशारा करते हुए उसे आवाज लगाई, 'ए थांबी, यहाँ आओ।' थांबी अपने हाथ के काम को बीच में ही छोड़कर अपने छोटे-छोटे पैरों से रेत पर उस ओर दौड़ पड़ा। इससे दूसरा ग्राहक नाराज हो गया। थांबी की लापरवाही के कारण वेटर ने उसके सिर पर एक करारा प्रहार किया और थांबी पलटकर आधी साफ की गई टेबल को साफ करने दौड़ा। मैंने थांबी की आँखों में आँसू देखे। वह इस भीड़ वाले वक्त में ग्राहकों की माँगें पूरी नहीं कर पा रहा था। वेटर ने भी उसके आँसू देख लिये। वेटर ने थांबी के कंधे पर हाथ

रखा और उसे मेरी टेबल के पास लाया और उससे पूछा, 'तुम्हें चोट तो नहीं लगी?' थांबी ने कहा, 'नहीं' और तुरंत उसकी ओर देखकर मुसकरा दिया। वेटर ने उसका सिर थपथपाया और दोनों फिर अपने-अपने काम में लग गए।

जब मैंने वेटर थांबी के प्रति उसके दोहरे व्यवहार के बारे में पूछा तो उसने कहा, 'सर, बेचारा बच्चा अपने पिता की मौत के बाद घर का एकमात्र कमाऊ सदस्य है। उसकी माँ बीमार है और घर की देखभाल करती है, बहन इतनी छोटी है कि स्कूल भी नहीं जाती है।' वेटर ने थांबी को चरित्र प्रमाण-पत्र देना शुरू कर दिया। उसने कहा, 'अपने घर में वह 'अन्ना' है, हिंदी में इसका मतलब है बड़ा भाई। वह तीन जिंदगियों के लिए 365 दिन दोनों समय के भोजन का प्रबध करता है। यहाँ तक कि शिफ्टों में काम करता है और जरूरतें पूरी करने के लिए कड़ी मेहनत करता है।

'अगर बीच पर आने वाले ऐसे कुछ लोगों के ईगो का अगर हम ध्यान न रखें तो वे जाकर पर्यटन पुलिस से शिकायत कर देंगे और मुत्थु अपने काम से हाथ धो बैठेगा। वह और उसका परिवार बहुत बुरी स्थिति में आ जाएगा, इसलिए हम ऐसा दिखाते हैं कि हम इन बच्चों को अपने रेस्तराँ में पसंद नहीं करते हैं, लेकिन अंदर से हम इनकी मदद करते हैं।' यह सुनकर मैं बहुत भावुक हो गया, जब वेटर ने कहा, 'रेस्तराँ के हम दो वेटर को जितनी टिप मिलती है, उसका 25 प्रतिशत मुत्थु को दे देते हैं। इसके अलावा वेतन।' मैं मुत्थु के पास गया, उसकी पीठ थपथपाई और उसे सीधे 200 रुपए की टिप दी। जब मैंने उससे पूछा कि वह इन पैसों का क्या करेगा तो उसने तपाक से जवाब दिया कि वह अपनी छोटी बहन के लिए चप्पलें खरीदेगा, जब से उसका जन्म हुआ, तब से उसके पास कभी चप्पल नहीं रही।

मैंने तुरंत अपना मुँह बीच की ओर फेर लिया और अपने आँसू छुपाए, क्योंकि मैंने एक 'अन्ना' (बड़ा भाई) को देखा, उस छोटे भाई में, जिसे सभी 'थांबी' कहते हैं। जब मैंने उससे पूछा कि वह स्कूल क्यों नहीं जाता, तो उसने कहा, 'तो फिर मेरी बहन को स्कूल कौन भेजेगा?'

फंडा यह है कि बहुत से 'थांबी' स्कूल जाने की उम्र में 'अन्ना' की भूमिका निभा रहे हैं। आप उनसे कभी बहस में नहीं जीत सकते।

□

निगाहों के परे देखें तो और भी सुंदर है दुनिया

अभी उसका जन्म ही हुआ था—माँ के गर्भ की सुरक्षा छोड़कर वह इस सुंदर संसार में आई थी। वह रोने लगी, क्योंकि उसे दूध चाहिए था, माँ का दूध। जब भी उसके होंठ किसी चीज के संपर्क में आते, उसे लगता, माँ उसे दूध पिला रही है। किंतु दुर्भाग्य से चूहे और कुछ कीड़े ही उसके शरीर से पोषण प्राप्त कर रहे थे। शायद इसी के कारण हो रही पीड़ा के कारण वह रो रही थी, लेकिन चूहों व अन्य कुतरने वाले जीवों ने उसे खाना बंद नहीं किया। नाक से शुरुआत की।

शुक्र है कि ये जानवर उसके चेहरे के अन्य खुले हिस्सों को क्षति पहुँचा पाते, इससे पहले ही वहाँ से गुजर रहे पुलिस अधिकारी ने यह देख लिया। बेसहारा बच्ची ने हताशा में अधिकारी की शर्ट को मजबूती से पकड़ लिया। वह उनकी छाती से ऐसे चिपक गई, जैसे कोई भी नवजात अपनी माँ की छाती से चिपक जाता है। यह देखकर उस कठोर हृदय पुलिस अधिकारी की आँखों में भी आँसू आ गए। गुजरात के ग्रामीण इलाकों में मिली इस बच्ची को जन्म के कुछ घंटों बाद ही झाड़ियों में छोड़ दिया गया था। पुलिस अधिकारी ने बच्ची की सुंदर काली आँखों में आँसू देखे, जबकि उसकी पूरी नाक कुतर दी गई थी। अब चेहरे पर नाक की जगह सिर्फ छेद बचा था।

उस छोटी बच्ची दुर्गा के शुरुआती जीवन का खौफ साफ महसूस किया जा सकता है। जब उसे अस्पताल में भरती किया तो कई लोगों ने सोचा कि वह बचेगी नहीं। वह नन्ही सी जान बहुत कमजोर थी। हालाँकि, उसकी जिजीविषा और मेडिकल स्टाफ ने जिस समर्पण भाव से रुई के सहारे उसे धैर्यपूर्वक दूध पिलाया, उसके कारण दो किलो वजन की दुर्गा अंततः बच गई। कच्छ महिला केंद्र में नाक से वंचित वह बच्ची खिलखिलाती बढ़ने लगी। जहाँ अन्य बच्चों को जल्द ही गोद ले लिया गया, प्लास्टिक

सर्जरी के खर्च के कारण दुर्गा को कोई लेने को राजी नहीं था। चार बार ऐसा हुआ कि दंपती उसे स्वीकारने पर राजी हुए, पर बाद में अपना मन बदल लिया। फिर अमेरिका के सिनसिनाटी शहर की अकेली रह रही हाई स्कूल टीचर क्रिस्टेन विलियम्स ने दुर्गा को देखा तो परिवार का प्रेम पाने की उसकी जरूरत को समझा और उन्होंने उसे वह अवसर देने का निर्णय लिया, जिसे कोई दे नहीं पा रहा था। क्रिस्टेन ने ऐसा पहली बार नहीं किया है। वे भारत की ही अनाथ बच्ची मुन्नी को गोद ले चुकी हैं, जो अब 10 साल की है।

सही व्यक्ति से विवाह कर अपने बच्चे होने का अवसर क्रिस्टेन को नहीं मिल सका था। वे जब 40 वर्ष की हुईं तो उन्हें परिवर की जरूरत महसूस हुई और वे 14 फरवरी, 2013 को मुन्नी की माँ बन गईं। मुन्नी ने उनकी जिंदगी को खुशियों से भर दिया, लेकिन जल्द ही उन्हें लगा कि किसी के साथ की जरूरत है। क्रिस्टेन ने एडॉप्शन एजेंसी को सूचना दी, जिन्होंने दुर्गा का फोटो भेजकर उसके बारे में जानकारी भेजी। शुरुआती पत्राचार के कारण क्रिस्टेन व मुन्नी दोनों को दुर्गा के बारे में सबकुछ पता था। जब इ-मेल पर फोटो धीरे-धीरे खुला तो पहले काले बाल दिखाई दिए, फिर माथा और सुंदर भूरी आँखें। इससे पहले कि चूहों द्वारा कुतरी उसकी नाक स्क्रीन पर दिखाई देती, दोनों ने तत्काल उसे अपनाने का फैसला कर लिया। इसके बाद महीनों से उनके हाथों में खेल रही थी। उन्हें अहसास हो गया कि बच्ची की तकलीफ तो वे दूर नहीं कर सकती, लेकिन धीरे-धीरे उन्होंने उसे दूर करने का रास्ता खोजा। पहले तो उन्होंने उसे नाम दिया 'रूपा' जिसका अर्थ ही सुंदर होता है। फिर प्लास्टिक सर्जन से संपर्क किया, जिन्होंने वादा किया कि बच्ची जब सात साल की हो जाएगी तो वे उसे नाक का तोहफा देंगे। गोद लेने के कुछ महीनों में ही दुर्गा से रूपा बनी बच्ची अपनी बहन मुन्नी के साथ पसंद-नापसंद शेयर करने लगी। अब वह हर समय हँसती-मुसकराती रहती है और अपने नाम 'रूपा' को सार्थक करती है। अब क्रिस्टेन का पूरा ध्यान अपने परिवार पर है। जब भी दोनों बच्चियाँ दौड़कर उनके पास आती हैं। तो वे उन्हें बाँहों में भरकर ईश्वर को धन्यवाद देती हैं कि उसने उन्हें माँ होने का गौरव दिया।

फंडा यह है कि यदि आप, जो दिख रहा है, उसके परे जाएँ तो दुनिया उससे ज्यादा सुंदर दिखाई देगी, जिसकी आपने कल्पना की थी।

□

साथ में पूरे हो सकते हैं जरूरत और शौक

यह टी-कैफे है। छत्तीसगढ़ के रायपुर में समता कॉलोनी और पंढरी मंदिर मार्केट में यह स्थित है। इन दोनों स्थानों पर चाय-नाश्ता करने आने वाले लोगों को अपने ऑर्डर लिखकर देने पड़ते हैं। कैप्टन आपका ऑर्डर नहीं लिखेगा। नियमित रूप से वहाँ आने वालों को इससे कोई फर्क नहीं पड़ता, लेकिन पहली बार आने वालों को यह अजीब लगता है और वह सवाल उठाते हैं, जानना चाहते हैं कि ऑर्डर लिखकर देने का नियम क्यों है?

ऐसा इसलिए है कि इन दोनों आउटलेट के वेटर और सर्वर गूँगे और बहरे हैं, और इसलिए वे हम सामान्य लोगों से अलग तरीके से संवाद करने में सक्षम हैं। चूँकि उनसे बात करने की सांकेतिक भाषा हमें नहीं आती, इसलिए होटल के मालिक ने हमें ऑर्डर लिखकर देने पर जोर दिया।

इस तरीके का शुरू में ग्राहकों ने विरोध किया, लेकिन होटल को शुरू हुए दो साल हो गए हैं। और कई लोग संवाद करने के लिए साइन लैंग्वेज तक सीख गए हैं। समता कॉलोनी का 50 सीटर 'नुक्कड़ कैफे' युवाओं के लिए चर्चा करने का सबसे शांत क्षेत्र है। आउटलेट पर रोजाना की सेल 10 हजार रुपए से ज्यादा हो चुकी है और 200 से ज्यादा ग्राहक यहाँ आते हैं। चाय, गरम पकोड़े के अलावा यहाँ पैक्ड नाश्ता जैसे कुकीज भी सर्व किया जाता है।

इस आउटलेट के मालिक ने कोशिश की है कि चाय को भी एक पेय के रूप में उतना ही सम्मान मिले, जो कॉफी को अंतरराष्ट्रीय स्तर पर हासिल है। स्टोर ऑनर ने यहाँ ऐसा वातावरण बनाने में सफलता हासिल की है कि लोग परिवार के साथ आ

सकते हैं और चाय व हलके नाश्ते का आनंद ले सकते हैं। चाय की दुकानों को भारत में गरीब आदमी का 'अड्डा' माना जाता है।

चाय को सम्मान दिलाने के लिए किए गए इस परिश्रम ने 'हिंदुस्तान यूनीलिवर' को आकर्षित किया, जिसने 'नुक्कड़ टीफे' को अपने रेड लेबल ब्रैंड को प्रमोट करने के लिए चुना है। यह काम अगले सप्ताह से शुरू हो रहा है। इस माह के अंत तक अपने ब्रैंड को प्रमोट करने के लिए रायपुर के महत्त्वपूर्ण स्थानों पर सात कियोस्क, 20 सीटर सुविधा के साथ शुरू हो गया है। यह आइडिया प्रियंक पटेल के दिमाग की उपज है। उन्होंने भिलाई से 2007 में ग्रेजुएशन किया था और कैंपस प्लेसमेंट में उन्हें टेक महिंद्रा में नौकरी मिल गई थी। सप्ताह के अंत में समाज सेवा के लिए वह कई एन.जी.ओ. के साथ काम करते थे। उन्होंने नोएडा के एक लोकल एन.जी.ओ. 'आकांक्षा' की मदद की, जहाँ वे काम करते थे और अंग्रेजी भाषा के टीचर्स की मदद करते थे।

नोएडा में काम करने के बाद वह एक अन्य कंपनी में काम करने के लिए पुणे शिफ्ट हो गए। यहाँ उन्हें आई.सी.आई.सी.आई. फाउंडेशन फेलोशिप के बारे में पता चला। वह परीक्षा में शामिल और चयनित हो गए। फिर नौकरी छोड़कर ट्रेनिंग के लिए महाराष्ट्र के लोनावाला में उनके लर्निंग सेंटर गए। वहाँ उन्हें जमीनी स्तर पर काम करने में महारत हासिल हो गई। बाद में उनकी पोस्टिंग छह महीने के लिए गुजरात के आणंद में मार्घाकुईन गाँव में हो गई। गाँव की आबादी मात्र 2500 थी। गुजरात के ही खंबात जिले में उन्होंने एन.जी.ओ. के कोरापुट जिले में, जब वह अपनी ट्रेनिंग पूरी कर रहे थे, परिवार ने उन पर भविष्य के स्थायित्व की ओर ध्यान देने के लिए दबाव डालना शुरू कर दिया। वे परिवार की जरूरतें तो पूरी करना चाहते ही थे, साथ ही किसी-न-किसी रूप में समाज सेवा भी जारी रखना चाहते थे। 'नुक्कड़' से दोनों उद्देश्य पूरे हो रहे हैं।

फंडा यह है कि होशियारी से काम करें तो परिवार की जरूरत और अपने शौक को एक साथ जोड़कर आप दोनों को पूरा कर सकते हैं।

□

बच्चों को जीना सिखाएँ, जीने के सहारे न बताएँ

पहली कहानी : शिकागो में होने वाले अपराधों, चाहे अवैध शराब का धंधा हो या वेश्यावृत्ति या फिर हत्या, अल कपोन की सहभागिता उसमें होती थी। इसके लिए कुख्यात था। 'ईजी एडी' के उपनाम से मशहूर उसका एक वकील था। वह कानून की धाराओं का ऐसा उस्ताद था कि किसी-न-किसी तरह कपोन को जेल जाने से बचा ही लेता था। भरपूर पैसा और बड़े भूखंड इसमें शामिल थे। अपने नियोक्ता द्वारा आम लोगों पर किए अत्याचार की चिंता किए बगैर एडी शिकागो में रसूखदार लोगों की सोहबत में ऐशो-आराम से जीता था।

एडी अपने बेटे को हर संभव सुख-सुविधाएँ देना चाहता था। पैसे की कोई कमी थी नहीं और वह दुनिया में मौजूद आराम की हर चीज उसे देना चाहता था। शहर में होने वाले संगठित अपराधों से वह जुड़ा था, फिर भी बेटे को सही-गलत के बीच फर्क समझाने की कोशिश करता था। एडी बेटे को खुद से बेहतर इनसान बनाना चाहता था। बेशुमार पैसा और प्रभाव के बावजूद वह बेटे को दो चीजें नहीं दे सका। बदनामी के चलते शहर के लोग कभी एडी को अच्छी निगाहों से नहीं देखते थे, न ही अच्छे कामों में उसकी चर्चा होती थी।

एक दिन एडी ने अपनी सारी गलतियाँ सुधारने का फैसला किया। यह काफी मुश्किल था, लेकिन उसने अधिकारियों के सामने अपने बॉस के सारे अपराधों को उजागर करने का निर्णय लिया, जिससे उसकी बदनामी कम हो सके और बेटा भी सम्मानित तरीके से जी सके। एडी को पता था कि इसके लिए उसे अपराधी गिरोहों के खिलाफ गवाही देनी होगी और इसके नतीजे घातक को सकते हैं। लेकिन उसने

ऐसा ही किया। एक साल के अंदर एडी का जीवन समाप्त हो गया। गोलियों से छलनी उसका शरीर शहर की एक सुनसान गली में मिला, लेकिन अपनी नजर में एडी बेटे को सबसे बड़ा उपहार दे चुका था, जो उसके वश में था। इसके लिए उसे सबसे बड़ी कीमत भी चुकानी पड़ी।

दूसरी कहानी : 20 फरवरी, 1942 का दिन था। दूसरा विश्वयुद्ध चल रहा था और लेफ्टिनेंट कमांडर बुच ओ हेयर ने दक्षिणी प्रशांत महासागर क्षेत्र में लेक्सिंगटन से अपने एयरक्राफ्ट कैरियर में उड़ान भरी। विमान के उड़ने के बाद उन्होंने देखा तो पाया कि उसमें ईंधन नहीं भरा गया था। जितना ईंधन मौजूद था, वह उनके मिशन के लिए काफी नहीं था। न चाहते हुए भी कमांडर के आदेश के चलते उन्हें वापस लौटना पड़ा। इसी दौरान, उन्होंने देखा कि जापान के लड़ाकू विमानों का एक बेड़ा अमेरिकी सैन्य ठिकाने की ओर बढ़ रहा था। उस समय वहाँ कोई नहीं था। बचाव का एक ही तरीका था कि दुश्मन का ध्यान दूसरी ओर बाँट दिया जाए। अपनी सुरक्षा की चिंता किए बगैर ओ हेयर अपने विमान के साथ जापानी बेड़े में घुस गए। उनकी कोशिश थी कि ज्यादा-से-ज्यादा जापानी विमानों को नष्ट कर दें। उनका यह तरीका कारगर रहा और अचानक हुए हमले से आश्चर्यचकित जापानी बेड़े को दूसरी दिशा में जाना पड़ा। ओ हेयर ने राहत की साँस ली। उनके विमान में लगे कैमरे में यह पूरी घटना रिकॉर्ड हो गई और लोगों को पता चल गया कि किस दिलेरी से उन्होंने अपने सैनिकों को बचाया और दुश्मन के पाँच विमान नष्ट कर दिए। इसकी वजह से 'मेडल ऑफ ऑनर' पानेवाले वे पहले नेवल एविएटर बने। एक साल बाद एक हवाई युद्ध में ओ हेयर की मृत्यु हो गई। उस समय उनकी उम्र केवल 29 वर्ष थी, लेकिन शहर के लोगों ने दूसरे विश्वयुद्ध के इस नायक को गुमनाम नहीं होने दिया। उनके अदम्य साहस को देखते हुए शिकागो में 'ओ हेयर एयरपोर्ट' का नाम उन्हीं पर रखा गया है। टर्मिनल 1 और 2 के बीच उनकी स्टैच्यू और 'मेडल ऑफ ऑनर' को अब भी देखा जा सकता है। सबसे रोचक बात तो यह है कि बुच ओ हेयर और कोई नहीं बल्कि ईजी एडी का ही बेटा था।

फंडा यह है कि बच्चों को जीवन जीने का तरीका सिखाएँ, न कि यह बताएँ कि वे किसके सहारे जी सकते हैं।

□

जहर उगलने के लिए नहीं है नेटवर्किंग साइट

चिराग मित्तल चेन्नई के विला डेवलपर कामा ग्रैंड में सेल्स मैनेजर के रूप में काम कर रहे थे। बेंगलुरु में कंपनी के कई काम चल रहे हैं। एक दशक पुरानी इस कंपनी ने देश की टेक्नोलॉजी सिटी में 31 प्रोजेक्ट पूरे कर 700 करोड़ के सेल्स लक्ष्य को पार कर लिया है और बेंगलुरु के महँगे उपनगरों के.आर. पुरम और बेन्नरघट्टा रोड क्षेत्र में दो और रहवासी परियोजनाएँ शुरू करने की पूरी तैयारी में है।

मित्तल पर शहर में बिक्री बढ़ाने के लक्ष्य को पूरा करने की जिम्मेदारी थी, लेकिन अपने फेसबुक अकाउंट पर एक लापरवाही भरे कमेंट ने उन्हें और उनकी कंपनी को भी विवादों में फँसा दिया। यह शुरू हुआ, जब उन्होंने पोस्ट किया'"'"हम दूसरे राज्यों से आए हैं और यहाँ राज कर रहे हैं तथा स्थानीय लोग हमारे मातहत काम करते हैं।' उनका यह कमेंट स्थानीय लोगों को अपमानजनक और भेदभाव करने वाला लगा। सबसे ज्यादा नेटीजन वाले शहर बेंगलुरु ने इस टिप्पणी के लिए उनकी आलोचना शुरू कर दी।

किंतु विवाद तब और बढ़ गया, जब मित्तल के कमेंट को सामान्य 'कन्नडिगा' ग्रुप ने उठा लिया और शेयर कर दिया। इस मुद्‌दे पर कई लोगों ने उन्हें मेल किए और उनके ऑफिस में फोन भी किए। मित्तल को अपनी गलती का अहसास हुआ और माफी माँगकर डैमेज कंट्रोल की कोशिश की, लेकिन उन पर कड़ी प्रतिक्रियाओं और हमलों का दौर जारी रहा। उन्होंने ग्रुप से भी पोस्ट को शेयर न करने का अनुरोध किया और कहा, 'मैं अपनी गलती के लिए पहले ही माफी माँग चुका हूँ, कुछ लोग फोन कर रहे हैं और मेरे सहकर्मियों को प्रताड़ित कर रहे हैं। ये मेरे कन्नड़ सहकर्मी हैं। मैं अनुरोध करता हूँ कि कृपया फोन करना और कंपनी को मेल करना बंद कर

दीजिए'। इसके बाद उन्होंने एक और अपील की, 'प्रिय सभी कन्नडिगा, मैं अनुरोध करता हूँ कि पोस्ट को हटा दें, क्योंकि मैं अपनी गलती के लिए माफी माँग चुका हूँ।' इसके बाद मामला कंपनी के प्रबंधन तक पहुँचा, जिसने अपनी योजनाओं को ध्यान में रखते हुए तय किया कि मित्तल को हटा दिया जाए। इस मंगलवार को सामान्य कन्नडिगा ग्रुप के एक सदस्य ने मित्तल को नौकरी से बरखास्त करने का पत्र 'गर्व का क्षण' कमेंट के साथ पोस्ट किया। 17 जुलाई, 2015 के बरखास्तगी पत्र में लिखा था, 'प्रिय चिराग, सूचित करते हुए खेद है कि कामा ग्रैंड आपको तत्काल प्रभाव से नौकरी से बरखास्त कर रही है। यह आपके बुरे व्यवहार का परिणाम है, जिसके कारण कर्नाटक राज्य के लोगों की भावनाएँ आहत हुई हैं।'

स्थानीय मीडिया को संबोधित करते हुए संस्थान ने कहा कि मित्तल की टिप्पणी व्यक्तिगत थी और दावा किया, 'हम स्थानीय समुदाय की भावनाओं की कद्र करते हैं और अपने स्टाफ के प्रति इस तरह के विचारों का समर्थन नहीं करते और न ही बढ़ावा देते हैं। आपके फेसबुक अकाउंट पर आने वाला हर लाइक आपको प्रसन्नता देता है। जब तक यह सिर्फ एक लाइक है, तब तक तो ठीक है, लेकिन अगर इस पर विवाद हो जाए और आपका किया गया कोई कमेंट कुछ लोगों या समूहों का पसंद न आए तो आप गंभीर समस्या में फँस जाएँगे। सोशल मीडिया पर आप जो कह रहे हैं, उसकी गंभीरता को न समझने की कीमत चिराग की तरह आपको अपनी नौकरी खोकर चुकानी पड़ सकती है। हर व्यक्ति में कुछ गुण होता है, जिसके आधार पर उसे नौकरी दी जाती है। इससे आपको खुद को स्थानीय लोगों पर शासन करने वाला कहने का हक नहीं मिल जाता। इससे स्थितियाँ और बिगड़ेंगी और विभिन्न राज्यों से आने वाले कर्मचारियों के प्रति दुश्मनी बढ़ेगी। अगर आप एक अच्छी नौकरी के काबिल हैं तो समाज आपसे अच्छे व्यवहार और शून्य अहंकार की उम्मीद करता है। और जहाँ तक सोशल नेटवर्किंग की बात है, शिष्टता बनाए रखना सुनिश्चित करना जरूरी है।

> फंडा यह है कि सोशल नेटवर्किंग साइट्स खुशियाँ बाँटने और सभी तरह की अक्षमताओं के खिलाफ एक सामूहिक प्रयास है। यह निश्चित रूप से व्यक्तियों या समूहों के खिलाफ जहर उगलने के लिए नहीं है।

गरीबी को करीब से देखने पर जागता है सफल होने का जज्बा

पहली कहानी : आमिर खान की फिल्म 'लगान' में आपको 'कचरा' नाम का पात्र याद होगा। हालाँकि, यह पता नहीं कि आमिर खान को यह नाम देने की प्रेरणा असली 'कचरा' देखकर मिली या नहीं, लेकिन बरसों पहले यह असली, जीता-जागता 'कचरा' मौजूद था और आज भी 18 वर्ष के गरिमामय खिलाड़ी के रूप में उसका अस्तित्व है। उसका असली नाम है मोहम्मद तनजीर। दूसरे बच्चे उसे ठीक ही 'कचरा' कहते थे, क्योंकि वह कचरा उठानेवाले के रूप में काम करता था। कभी-कभी भीख भी माँग लेता था और यहाँ तक कि छोटी-मोटी चोरी-चकारी भी कर लेता था।

मजदूर पिता के चार बच्चों में से एक। पिता प्राय: बेकाम ही रहते। माँ बेचारी घरों में काम करती। 'कचरा' के समाने कोई प्रेरणा नहीं थी। अन्य बच्चों के साथ वह विवाह समारोहों में मँडराता रहता था, क्योंकि रस्मो-रिवाज के तहत वहाँ पैसे लुटाए जाते थे तथा वह और सड़कों पर जिंदगी बितानेवाले उसके साथी लुटाए हुए पैसे उठा लेते थे। 13 साल पहले की बात होगी, सुबह चार बजे 28 साल का एक खिलाड़ी फुटबॉल की प्रैक्टिस के लिए जा रहा था। तब उसने नई दिल्ली के किसी उपनगर में पाँच साल के 'कचरा' को कचरे के डिब्बे में कुछ सूँघते देखा। वह वहाँ टूटे-फूटे टीन के कैन में घुसकर शरण लेने की कोशिश कर रहा था। यह खिलाड़ी जानता था कि बच्चा अपनी जिंदगी में खुश है, लेकिन उसके भीतर छिपी जिंदगी मदद के लिए पुकार रही है। उसके लिए इस बच्चे को सड़क से दूर रखना कठिन था, क्योंकि इस छोटी सी उम्र में ही उसे मादक पदार्थों की लत लग गई थी।

किंतु जल्दी ही 'कचरा' न सिर्फ फुटबॉल खेलना सीख गया, बल्कि उसने इसमें हुनर भी हासिल कर लिया। जल्दी ही उसका असली नाम उसके प्रचलित नाम पर हावी हो गया। मोहम्मद तनजीर ने कई स्थानीय चैंपियनशिप जीतीं और उसका चयन पुणे, महाराष्ट्र की डी.एस.के.लिवरपूल इंटरनेशनल अकेडमी में ट्रेनिंग के लिए हो गया। इस पूर्णकालिक रहवासी अकादमी में विश्वस्तरीय सुविधाओं के साथ लिवरपूल फुटबॉल कोचिंग के कोच प्रशिक्षण देते हैं। दुर्भाग्य से वह इस अवसर का लाभ उठाने की हालत में नहीं था, क्योंकि इसकी सालाना फीस करीब छह लाख रुपए थी। उसे सड़क से उठाकर खिलाड़ी बनानेवाले उसके उद्धारक ने लोगों से पैसा इकट्ठा करने का अभियान चलाया, पर सफल नहीं हुआ। पिछले माह मोहम्मद ने गोवा के सालगावकर फुटबॉल क्लब की प्रतियोगिता का पहला क्वालिफाइंग राउंड पार कर लिया है। अब वह जल्द ही होने वाले फाइनल राउंड का इंतजार कर रहा है। यदि वह चुना गया तो पेशेवर फुटबॉल खिलाड़ी के रूप में उसकी जिंदगी बन जाएगी।

दूसरी कहानी : अब मोहम्मद के उद्धारक सिल्वेस्टर पीटर से मिलिए। यह तमिल युवा धनी परिवार में पैदा हुआ था, लेकिन उसे पढ़ने के लिए अपने भाइयों व रिश्तेदारों की तरह बड़े स्कूल में भेजने की बजाय दिल्ली तमिल शिक्षा संघ के स्कूल में भेजा गया। सिर्फ इसलिए कि उसकी माँ चाहती थी कि परिवार का कम-से-कम बच्चा तो तमिल भाषा सीखे। एक दिन स्कूल में उसके साथ बैठनेवाले सहपाठी का जन्मदिन था और उसे यह जानकर धक्का लगा कि उसके यहाँ केक काटकर कोई जश्न नहीं मनाया जाता, जैसा कि उसके घर में मनाया जाता है। उस दिन उसकी माँ ने उसे गरीबी के बारे में बताया और उसके लिए तो यह जैसे किसी रहस्य के उजागर होने जैसा था! उसके बाद से अपने गरीब साथियों को अपने लंच बॉक्स में से हिस्सा देना उसकी आदत बन गई।

वह स्कूल में छात्रों का नेता बन गया और उसने फुटबॉल टीम बनाई, क्योंकि उसकी रुचि इस खेल में थी। पहले तो उसने अपनी कक्षा के सहपाठियों को प्रशिक्षण देना शुरू किया और फिर पूरे स्कूल के अन्य बच्चों को। सिल्वेस्टर अब 41 वर्ष के हैं और उन्होंने बेसहारा बच्चों की मदद करने को अपने जीवन का लक्ष्य बना लिया है। फुटबॉल कोच होने के अलावा सिल्वेस्टर ने 'माई एंजल एकेडमी' भी खोली है। यह गैर-मुनाफे वाला ट्रस्ट बेसहारा बच्चों को शिक्षा हासिल करने में

मदद करता है। यह संस्था उन्होंने इंदिरा कैंप नंबर 4 में शुरू की, जिसे दिल्ली की विकासपुरी की इस झुग्गी बस्ती में उन्होंने 13 साल की उम्र में ही स्थापित कर दिया था। इसके जरिए वे पिछले 28 साल से कई बच्चों की मदद कर चुके हैं।

> *फंडा यह है कि गरीबी को नजदीक से देखने का मौका कामयाब होने और बेहतर इनसान बनने का जज्बा पैदा करता है।*

जिंदगी में सुकून चाहिए तो अपने दिल की सुनें

पहली कहानी : केरल के कोच्चि शहर का 49 वर्षीय मैथ्यू अचादेन सरल स्वभाव का गरीब ऑटो ड्राइवर है। पिछले एक माह से वह अस्पताल में भरती है, क्योंकि वह डायलेटेड कार्डियो मायोपैथी से पीड़ित है। इस बीमारी का सीधा अर्थ है कि उसे हृदय प्रत्यारोपण की जरूरत है। शुक्रवार तड़के 46 वर्षीय अधिवक्ता नीलकांडा शर्मा ब्रेन डेड घोषित किए गए और उनके परिजन तत्काल हृदय दान के लिए तैयार हो गए। समस्या यह थी कि शर्मा केरल की राजधानी तिरुवनंतपुरम में थे और मैथ्यू कोच्चि के अस्पताल में। हृदय रक्त प्रवाह बंद होने के चार से पाँच घंटे तक जीवित रहता है। इसलिए निकाले जाने के बाद उस अवधि में नए शरीर में वह लगा दिया जाना चाहिए, वरना वांछित परिणाम नहीं मिलेंगे। यहाँ तो हृदय दान करने और ग्रहण करनेवाले के बीच 200 किलोमीटर की दूरी थी! सारी सरकारी एजेंसियों के सहयोग के बाद भी डॉक्टर निश्चिंत नहीं थे और उन्हें आशंका थी कि एक भी एजेंसी नाकाम हुई तो एक बेशकीमती जिंदगी का अंत हो जाएगा।

जिला कलक्टर से गुजारिश की गई, जिन्होंने नौसेना से हेलिकॉप्टर देने का निवेदन किया, जो वांछित स्थान पर 90 मिनट में पहुँच सकता था। नौसेना के अधिकारियों ने तुरंत आपस में विचार-विमर्श किया और समय बचाने के लिए हवाई जहाज देने का फैसला किया। फिर तो सबकुछ योजना के अनुसार हो गया। 6:10 बजे हृदय निकाला गया, 10 मिनट में उसे नौसैनिक ठिकाने पर पहुँचा दिया गया। सुबह 6:48 बजे विमान ने उड़ान भरी और 7:29 पर हृदय अस्पताल पहुँच गया। 8 बजे प्रत्यारोपण शुरू हुआ। ढाई मिनट बाद हृदय दूसरे शरीर में धड़कने लगा।

दोनों शहरों के 200 पुलिसकर्मियों ने ग्रीन कॉरिडोर बनाकर यह पक्का किया कि एंबुलेंस ट्रैफिक जाम में न फँसे। नौसेना के पायलट, कलेक्टर, दोनों अस्पतालों के डॉक्टर और सबसे बढ़कर अंगदान करनेवाला परिवार, सबकी आँखों में आँसू थे, क्योंकि उन्होंने मिलकर ऐसा कुछ किया, जिससे किसी को जिंदगी मिली थी। फिर उनका खुद का पेशा चाहे कितना ही महत्त्वहीन क्यों न हो! गर्व की भावना उनके चेहरे पर नजर आ रही थी। तिरुवनंतपुरम से कोच्चि तक हृदय ले जाने के लिए डॉर्नियर उपलब्ध कराकर नौसेना ने दुर्लभ बचाव अभियान को अंजाम दिया। इससे न सिर्फ ऑटो ड्राइवर की जिंदगी बची, बल्कि भारत में ऐसा पहली बार हुआ कि सिविल मेडिकल इमरजेंसी में किसी रक्षा विमान का उपयोग एंबुलेंस की तरह किया गया।

दूसरी कहानी : उसी दिन एक और ऑटो रिक्शा ड्राइवर ने मुंबई के दूरवर्ती उपनगर डोंबिवली में अपना दिल दिया, पर गलत कारणों से। आधी रात को 2:30 बजे उसने अपना 39 वर्षीय युवा हृदय पाँच शराबी युवकों के झुंड को दे दिया, जिन्होंने उस पर चाकू के 43 वार किए। सिर्फ इसलिए कि उसने उन्हें उनके बताए स्थान पर ले जाने से इनकार कर दिया था! चाकू के इतने वार लगने के बाद ऑटो ड्राइवर गणेश जैसवार के दिल की धड़कन थम गई। उसके शव को कहीं फेंककर ये युवक ऐसे चले गए, जैसे कुछ हुआ ही नहीं और अगले दिन से सामान्य जीवन जीने लगे।

इस जघन्य हत्याकांड में राहत की सबसे बड़ी बात यही रही कि पाँच युवकों में से एक आनंद देवकर के दिल की धड़कन लय-ताल खो बैठी। आनंद उस रात सो नहीं सका। उनके दिल को भरोसा ही नहीं हो रहा था कि आनंद ऐसे निर्दय हत्याकांड में शामिल होकर किसी की जिंदगी ले सकता है। आनंद के दिल ने उसे रात भर पछतावे की आग में तपाया। अगले दिन दोपहर से ठीक पहले आनंद पास के पुलिस थाने में खुद ही पहुँच गया और सारी घटना कह डाली, शव दिखाया और अपराध में शामिल साथियों की जानकारी पुलिस को दे दी।

> फंडा यह है कि जब आपके पास मदद करने वाला दिल होता है, तो जिंदगी मुसकराती है और सौहार्द की उष्मा देती है। यह तब भी इशारा करता है, जब उसका मालिक गलती करता है।

स्मार्ट लोगों से ही बनता है कोई भी शहर स्मार्ट

पहली कहानी : वह स्कूल ड्रॉप आउट था। 8वीं कक्षा के बाद स्कूल नहीं गया, इसलिए हैनरी सिंगापुर में टैक्सी ड्राइवर बन गया। करीब 20 साल पहले लेखक और जाने-माने कॉरपोरेट ट्रेनर शिव खेड़ा वहाँ पहुँचे। उन्होंने हैनरी को बिजनेस कार्ड दिया और उस कार्ड पर लिखे पते पर ले चलने को कहा। ड्राइवर ने मंजिल पर पहुँचने से पहले इमारत का चक्कर लगाया। मीटर में 11 डॉलर हो गए थे, लेकिन उसने 10 ही लिये। जब कारण पूछा कि वह कम पैसे क्यों ले रहा है, तो उसने जो कारण बताया उससे खेड़ा स्तब्ध रह गए। कैब ड्राइवर ने कहा, 'सर, मैं एक टैक्सी ड्राइवर हूँ, मैं आपको सीधे गंतव्य तक ला सकता था, मुझे आखिरी स्पॉट के बारे में पता नहीं था, इसलिए मैंने इमारत का पूरा चक्कर लगाया। अगर मैं आपको सीधे यहाँ ले आता तो मीटर से 10 डॉलर ही होता। मेरी नासमझी के लिए आप क्यों भुगतान करेंगे?' फिर उसने कहा, 'वैधानिक रूप से मैं आपसे 11 डॉलर ही लेने का हकदार हूँ। सिंगापुर पर्यटन स्थल है और कई लोग यहाँ तीन-चार दिनों के लिए आते हैं। कस्टम और इमिग्रेशन से आगे बढ़ने के बाद उनका पहला अनुभव हमेशा टैक्सी ड्राइवर के साथ होता है और अगर वह अच्छा नहीं होगा तो उनके अगले तीन-चार दिन भी अच्छे नहीं होंगे।' फिर उसने गर्व से दावा किया कि वह सिर्फ टैक्सी ड्राइवर ही नहीं है, इसके साथ डिप्लोमेटिक पासपोर्ट के बिना सिंगापुर का राजदूत है। उसके व्यवहार में गर्व की झलक थी।

दूसरी कहानी : मैं क्रिकेट सीरीज को कवर करने पाकिस्तान के लाहौर में था। एक आकस्मिक कारण से मैं स्टेडियम जाने के लिए तय आधिकारिक वाहन में सवार

होने से चूक गया, इसलिए होटल से स्टेडियम जाने के लिए ऑटो रिक्शा ले लिया।

स्टेडियम पर पहुँचकर जब मैंने पैसे देने के लिए पर्स निकाला तो ड्राइवर ने कहा, 'सर, आप भारत से आए हमारे अतिथि हैं और हमारे देश के राष्ट्रपति ने कहा है कि हमें एक अच्छे मेजबान की तरह व्यवहार करना चाहिए ताकि अतिथि हमारे सत्कार को जिंदगी भर न भूलें।' मेरे बार-बार आग्रह करने पर भी उस गरीब ऑटो ड्राइवर ने 2004 में पाकिस्तानी मुद्रा में 80 रुपए लेने से इनकार कर दिया था। उसने ऐसा व्यवहार इसलिए किया था, क्योंकि पाकिस्तान के राष्ट्रपति परवेज मुशर्रफ ने मैच के एक दिन पहले ही देश के नाम संबोधन दिया था और भारतीय मेहमानों का सत्कार करने का आग्रह किया था।

तीसरी कहानी : लेकिन उस दिन नासिक में ये कहानियाँ किसी ने नहीं बताईं। नासिक रीजनल ट्रांसपोर्ट ऑफिस में बुधवार को नासिक रोड रेलवे स्टेशन क्षेत्र के 200 ऑटो रिक्शा ड्राइवर की मीटिंग बुलाई गई और 'सौजन्य अभियान' की शुरुआत की गई। अभियान का उद्देश्य ऑटो रिक्शा ड्राइवरों का यात्रियों के प्रति व्यवहार बदलना है।

बैठक में अधिकारियों ने रिक्शा चालकों का ध्यान इस बात की ओर दिलाया कि कैसे यात्री को नमस्कार करने और सामान उठाने में उनकी मदद करने से उनके संबंध अच्छे बन सकते हैं और शहर की ब्रैंडिंग हो सकती है, महाराष्ट्र के इस तीर्थ स्थल पर करोड़ों लोग कुंभ मेले के लिए पहुँच रहे हैं और स्थानीय प्रशासन उन लोगों की क्लास ले रहा है, जिनका तीर्थ यात्रियों से संपर्क होगा। हालाँकि उन्होंने प्रशासन की बात को ध्यान से सुना, लेकिन ड्राइवर इस बात को समझ नहीं पाए कि कैसे उनका व्यवहार शहर की ब्रैंड बिल्डिंग में मदद कर सकता है ? ऐसी बातें समझने के लिए जिंदगी से सीधे मिले अनुभवों की मिसाल सामने होनी चाहिए।

> फंडा यह है कि स्मार्ट लोग स्मार्ट असर छोड़ते हैं और लोगों को स्मार्ट बनाने के लिए प्रशासन को चाहिए कि उनके व्यवसाय की इज्जत करें, जिससे उनमें गर्व की भावना पैदा होगी और यह गर्व उन्हें शिष्टाचार सीखने में मदद करेगा, जो अच्छे व्यवहार में तब्दील होगा।

हमेशा बड़े फायदे के साथ लौटती है अच्छाई

1985 की बात है। मैं सात साल से मुंबई में रह रहा था, जो तब बंबई के नाम से जाना जाता था और अपने लिए फ्लैट तलाश रहा था। स्वाभाविक रूप से अन्य युवाओं की ही तरह मैं भी ऐसी जगह की तलाश में था, जहाँ सिल्वर स्क्रीन के सितारे रहते हों। और मेरी पसंद थी, महबूब स्टूडियो से 500 मीटर की दूरी पर बनी नई क्षितिज बिल्डिंग, जो बांद्रा में स्थित है और यहाँ बॉलीवुड इंडस्ट्री का हर खान रहता है। मैं फ्लैट की तलाश में था, उसी समय राइटिंग इंस्ट्रूमेंट बनाने वाली कैमलिन फैक्टरी के मालिक सुहास और रजनी दांडेकर ने 8वीं और 9वीं मंजिल पर एक डुप्लैक्स लिया था और उसमें इंटीरियर डेकोरेशन का काम शुरू ही हुआ था। हालाँकि, उस बिल्डिंग के फ्लैट मेरी पहुँच से बाहर थे, लेकिन फिर भी मैं अपने दोस्तों और परिचितों के साथ अकसर वहाँ जाता था और मेरी पसंद के फ्लैट के बारे में उनसे राय लिया करता था।

जब भी मैं वहाँ जाता, एक सफाई करनेवाली महिला संदेह की नजरों से मुझे देखती। निश्चित रूप से मेरे कपड़े और मेरा स्तर उस बिल्डिंग से मेल नहीं खाते थे। मैंने उनका नाम पता किया, नर्मदा बहन, उनके बारे में सामान्य जानकारी जुटाई और उनका शुभचिंतक और दोस्त जैसा बन गया।

कुछ समय की बातचीत के बाद मैं उन्हें सच में पसंद करने लगा। वे 80 साल की थीं और अपने परिवार के किसी भी सदस्य पर निर्भर नहीं थीं। इस वजह से मैं उनके और उनके काम की ओर अधिक आकर्षित हुआ। उस दौरान मैंने उनकी पैसों से कुछ मदद भी की, यह इतनी कम थी कि उल्लेख के लायक भी नहीं है।

लेकिन कुछ महीनों बाद वे अचानक गायब हो गईं और साफ-सफाई के काम के लिए एक युवा लड़के ने उनकी जगह ले ली। पूछताछ पर पता चला कि नर्मदा बहन का निधन हो गया है और उनका बेटा सुधाकर उनकी जगह काम करने लगा है। मैंने उसे सांत्वना दी। उससे ज्यादा बात नहीं होती थी, सिवाय इसके कि जब भी वह नजर आता, सौजन्यता के लिए मुसकरा देता।

हालाँकि, अब पहला जैसा संबंध तो नहीं, क्योंकि नर्मदा बहन उसकी माँ थी। हालाँकि वह लड़का अपनी माँ के माध्यम से मेरे बारे में काफी कुछ जानता था, परंतु मैंने कभी उसकी आर्थिक मदद नहीं की। ऐसा कोई मौका नहीं आया। बाद में मैंने अन्य स्थान पर एक फ्लैट ले लिया और उस इमारत में जाना बंद कर दिया। कई साल गुजर गए। पाँच साल बाद मेरे एक दोस्त के साथ एक दुर्घटना हो गई। 8वीं मंजिल के उनके फ्लैट में मरम्मत का काम चल रहा था और एक पूरी खिड़की सड़क पर आ गिरी। ठेकेदार के एक कर्मचारी को सिर में गंभीर चोट लगी। दोस्त ने मुझसे मदद माँगी और हम पीड़ित को गंभीर हालत में कूपर सिविल अस्पताल लेकर पहुँचे।

चूँकि यह एक दुर्घटना थी, इसलिए मामला पुलिस तक पहुँचा। हमें लगा कि मरीज को इलाज मिलने में देरी हो रही है। इससे उसके जीवन को खतरा हो सकता है, लेकिन अचानक एक चमत्कार हुआ। वही सफाईवाला लड़का, जिससे मेरा संपर्क उस इमारत के साथ ही खत्म हो गया था, अस्पताल के मुख्य गलियारे से गुजरा। उसने मुझे देख लिया और मदद के लिए दौड़ा। उसने पूरा मामला अपने हाथ में ले लिया और सिर्फ 17 मिनट के अंदर पीड़ित ऑपरेशन कक्ष में था। बाद में न तो पुलिस आई और न ही अस्पतालवालों ने हमें बुलाया। अगले नौ दिनों तक पीड़ित को सबसे अच्छे डॉक्टरों की देख-रेख में अच्छा इलाज मिला और उसकी हालत अच्छी हो गई। चूँकि सुधाकर अस्पताल में साफ-सफाई का काम करता था, उसने सभी काम जल्दी करवा दिए और इस तरह हम अनचाही, बेमतलब की चीजों से बच गए और अस्पताल का खर्च ही उठाना पड़ा।

> फंडा यह है कि जीवन में अच्छाई के कुछ काम बाद में बड़े ब्याज के साथ सामने आते हैं। सिर्फ एक ही प्रश्न हमेशा अनुत्तरित रहता है, कब?

इंसानियत हमने गँवाई नहीं है, बस भूल गए हैं

8 अगस्त, 2015, सुबह 6:30 बजे सूरत मुसकरा रहा था। मॉर्निंग वॉक करने वाले चेन्नई के प्रसिद्ध ग्रीन बेल्ट गिंडे रोड जोन में लंबी सैर के लिए निकल गए थे। सड़क के एक किनारे पर तमिलनाडु की प्रसिद्ध अन्ना यूनिवर्सिटी है और दूसरी ओर खूबसूरत डीयर पार्क है, जहाँ सैकड़ों हिरण दिन के समय भी व्यस्त सड़क पर आ जाते हैं 17 साल की आर. स्वाति और उसकी माँ टंगापन्नू हाथ-में-हाथ थामे चल रहे थे और वह छोटी लड़की कई कारणों से बहुत उत्साहित थी। पहला कारण यह था कि गरीब किसान की उस बेटी ने पहले कभी गरीबी के कारण चेन्नई नहीं देखा था और आज वह वहाँ बायोटेक्नोलॉजी के ग्रेजुएशन कोर्स में प्रवेश लेने जा रही थी और इसके लिए अगले चार साल वह शहर में ही रहनेवाली थी।

खुश हो भी क्यों? गरीब किसान की इस बेटी ने 12वीं की परीक्षा में 2000 में से 1017 अंक अर्जित किए थे और उसके आवेदन के आधार पर यूनिवर्सिटी की ओर से आज सुबह 8:30 बजे उसे काउंसिलिंग में शामिल होने का कॉल लैटर मिला था। वह झूम रही थी और अपने सिर को माँ के कंधों पर टिका देती थी और वह गुनगुना रही थी, तमिल फिल्म 'रोजा' का गीत 'छोटी सी आशा', उसी समय कुछ अप्रत्याशित घटा। यूनिवर्सिटी कितनी दूर है, यह जानने के लिए माँ ने सैर पर निकले एक व्यक्ति को लैटर दिखाया। उन्हें कोयंबटूर की अन्ना अरगम, तमिलनाडु एग्रीकल्चर यूनिवर्सिटी बुलाया गया था, लेकिन वे गलती से चेन्नई की अन्ना यूनिवर्सिटी पहुँच गए थे। काउंसिलिंग शुरू होने में सिर्फ दो घंटे का समय बचा था।

जहाँ वे लोग खड़े थे और जिस स्थान पर उन्हें पहुँचना था, उसके बीच की

दूरी नेशनल हाई-वे 47 पर ठीक 508.2 किलोमीटर थी। वहाँ तक पहुँचने में कम-से-कम साढ़े सात घंटे लगते। एक-दूसरे की ओर देखते ही दोनों की आँखों से आँसू बह निकले और लगा कि दोनों ने खामोशी से उस 17 साल की लड़की की 'छोटी सी आशा' को बिना एक शब्द कहे तिलांजलि दे दी! आँसू बह रहे थे। माँ ने आसमान की ओर देखा और खामोशी से सवाल किया, 'हे भगवान्! अब हम क्या करें?' और भगवान् ने अगले छह घंटे में उन्हें जवाब दिया। अगले छह घंटे में यह हुआ। सैर करनेवालों का ग्रुप, जिसका नाम 'ट्वॉकर' था, जमा हो गया।

रणनीति पर विचार हुआ। अन्ना यूनिवर्सिटी में काम करनेवाले कर्मचारी ने कोयंबटूर में रजिस्ट्रार को फोन किया और उसके काउंसिलिंग सेशन को दोपहर 12 बजे करने की मोहलत माँगी। एक वॉकर फ्लाइट की टिकट बुक करने घर चले गए। दोनों के लिए 10,500 रु. में कोयंबटूर के लिए सुबह 10:30 की फ्लाइट के टिकट बुक किए गए। एक वॉकर ने नाश्ते का इंतजाम किया और अन्य ने एयरपोर्ट जाने के लिए वाहन का प्रबंध किया। एक वॉकर ने कोयंबटूर एयरपोर्ट से यूनिवर्सिटी कैंपस पहुँचने के लिए वाहन की व्यवस्था की। दो अन्य उनके पास रहे और उन्हें हिम्मत देते रहे कि छोटी लड़की की 'छोटी सी आशा' जरूर पूरी होगी। 8:15 बजे वे लोग एयरपोर्ट पर पहुँच गए, जबकि इससे पहले उन्होंने सरकारी बस के अलावा किसी वाहन में सफर नहीं किया था।

10:05 बजे विमान ने उड़ान भरी। 11:28 बजे वे कोयंबटूर हवाई अड्डे पर आ गए और 11:55 से पहले यूनिवर्सिटी पहुँच गए। कोयंबटूर यूनिवर्सिटी के रजिस्ट्रार को चेन्नई के उनके समकक्ष ने सूचना दे दी थी। स्वाति को 12:05 पर काउंसलिंग क लिए बुलाया गया और 12:40 बजे स्वाति की सफलता पर 'ट्वॉकर' ने ट्विटर और फेसबुक के माध्यम से पार्टी की और उन्हें वहाँ पहुँचाने में हुए खर्च को आपस में बराबर बाँट लिया।

> फंडा यह है कि अच्छाई गुड समैरिटन (दूसरों की मदद करनेवाले नेक लोग) सिर्फ मिथक नहीं है। होता यह है कि हममें से कुछ इसे घर में कहीं खो देते हैं। अगर आप उसे खोजना चाहें तो यकीनन आपको वह अपने घर में ही मिल जाएगा।

☐

खुद में नया व्यक्तित्व देखना है तो यह करें

बेंगलुरु के ओल्ड एयरपोर्ट रोड स्थित अपने अस्पताल 'करुणालय' में डॉ. कविता रेड्डी के लिए यह सुबह की नियमित विजिट थी। खुशमिजाज डॉक्टर हमेशा जोश के साथ मरीजों से मिलतीं, जिससे उनमें उम्मीद पैदा होती कि वे जल्द ही पूरी तरह ठीक हो जाएँगे, लेकिन वे ऐसा 21 साल के एंथनी राज के साथ नहीं कर सकीं, जो एक महीने पहले अस्पताल में भरती हुआ था। युवा एंथनी नवोदित खिलाड़ी था और मार्शल आर्ट में भी माहिर था। उसका चयन राज्य स्तरीय एथलेटिक्स स्पर्द्धा के लिए हुआ था, लेकिन उसका सपना टूट गया, जब पता चला कि उसे कोंड्रोसारकोमा है। यह एक तरह का कैंसर है, जिसमें कोशिकाओं की अनियंत्रित वृद्धि से कार्टिलेज बनने लगती हैं और कंकाल-तंत्र में तेजी से नुकसान पहुँचता है और यही मामला एंथनी का था। फर्स्ट ईयर के बाद जब उसे अंतिम चरण में पहुँच चुके कैंसर का पता चला तो उसकी पढ़ाई छूट गई। उसके 17 साल के छोटे भाई को बड़े भाई के इलाज के लिए पैसों का इंतजाम करने के लिए कॉलेज छोड़कर काम पर लगना पड़ा। इसके अलावा जब पिता को एंथनी की स्थिति का पता चला तो वे डिप्रेशन में चले गए।

डॉ. कविता एक क्षण के लिए रुकीं, अपने चेहरे के भावों को बदला और एक बड़ी-सी मुसकान के साथ उस कमरे में प्रवेश किया, जहाँ मरीजों में एंथनी भी था। एंथनी भी यह जानकर डिप्रेशन में था कि जल्द ही उसकी मौत हो जाएगी। बेसिक चैकअप के बाद एंथनी ने डॉक्टर से बात करनी चाही। एंथनी ने कहा, 'शायद यह मेरी अंतिम इच्छा हो।' उसने कहा कि वह भारतीय हॉकी टीम से बात करना चाहता है, जो फिलहाल यूरोप में वर्ल्ड कप हॉकी लीग फाइनल्स के लिए तैयारी कर रही है। उसके शब्दों ने डॉक्टर को दुःखी कर दिया, क्योंकि यह अलग तरह की विश

थी। एक डॉक्टर होने के नाते वे जानती थीं कि एंथनी किस स्टेज पर है। उनके दिल के किसी कोने ने कहा कि उन्हें इस युवक का सपना पूरा करना चाहिए। वे सोचने लगीं, कैसे? इन्हीं विचारों में डूबी जब वे घर पहुँचीं तो अपने बेटे शशांक को एंथनी के सपने के बारे में बताया।

19 साल के शशांक ने माँ की इस बात को हलके में लिया, क्योंकि वह जानता था कि माँ को नियमित रूप से खाने की मेज पर अपने मरीजों के बारे में बात करने की आदत है। लेकिन जब उन्होंने कहा कि एंथनी भी उसी की उम्र का है और बहुत अच्छा खिलाड़ी है, तो शशांक तुरंत हरकत में आया और एंथनी व भारतीय हॉकी टीम की मुलाकात की कोशिश में लग गया। उसने टीम के सदस्यों के इ-मेल आई.डी. जुटाए और उन्हें एंथनी की डिटेल्स मेल कर दी और यह भी बताया कि एंथनी उनके साथ कुछ समय बिताना चाहता है। शुरू में मेल का कोई जवाब नहीं आया, लेकिन शशांक ने हार नहीं मानी। वह लगातार उन इ-मेल आई.डी. पर मेल करता रहा। आखिरकार वह हॉकी इंडिया के सी.ई.ओ. एलिना नॉरमन से संपर्क करने में कामयाब हो गया।

6 अगस्त की सुबह शशांक जब कॉलेज में थे, जूनियर कॉर्डिनेटर प्रियंका यादव का फोन आया, जिसने सूचना दी कि दोपहर दो बजे 15 मिनट के लिए एंथनी टीम से 15 मिनट के लिए स्काइप पर बात कर सकते हैं। उसने अपनी क्लास छोड़ी और निर्धारित समय से बहुत पहले एंथनी के साथ समय बिताने के लिए अस्पताल पहुँच गया। तय वक्त पर जब एंथनी की कप्तान सरदार सिंह सहित सभी खिलाड़ियों से बात हुई तो कमरे में मौजूद किसी भी व्यक्ति की आँखें भीगे बिना नहीं रह सकीं। इसमें शशांक भी शामिल था। वे भावनाओं से भरे हुए थे, खुशियों से भरे हुए थे और साथ ही सहमे हुए भी थे, क्योंकि एंथनी की हालत जानते थे। स्काइप पर भी आँखें नम हो रही थीं, क्योंकि वे किसी की अंतिम इच्छा पूरी कर रहे थे। लेकिन सभी के लबों पर स्वाभाविक रूप से यही प्रार्थना थी कि यह उसकी अंतिम इच्छा न हो!

फंडा यह है कि जब आप किसी की इच्छा पूरी करते हैं, तो खुद में एक अलग इनसान को देखते हैं; और अधिकतर प्रार्थनाएँ व्यर्थ नहीं जाती।

□

दुनिया में फर्क लाने के लिए सिर्फ बड़ा दिल चाहिए

आइए, 1535 के इतिहास में थोड़ी दूर चलें। इतिहास कहता है कि रानी कर्णावती ने मुगल सम्राट् हुमायूँ को राखी भेजी थी, जब गुजरात के बहादुर शाह ने चित्तौड़ पर दूसरी बार हमला किया।

हुमायूँ पहले ही किसी युद्ध में उलझा हुआ था और उसके मंत्रियों ने उसे चित्तौड़ न जाने की सलाह दी, लेकिन वह इस सलाह की अनदेखी कर मेवाड़/चित्तौड़ पहुँचा और बहादुर शाह को पराजित कर कर्णावती के बेटे विक्रमादित्य को मेवाड़ का राजा बना दिया, जबकि रानी कर्णावती ने जौहर कर लिया था। इसकी वजह से हुमायूँ वह युद्ध हार गया, जो वह और कहीं लड़ रहा था। इसके साथ वह पूरा साम्राज्य खो बैठा, क्योंकि उसके भाइयों को उसके खिलाफ विद्रोह करने तथा यह प्रचारित करने का मौका मिल गया कि हुमायूँ मुगल साम्राज्य के लिए अच्छा विकल्प नहीं है। वह मुगल हितों को छोड़कर किसी राजपूत रानी को बचाने चला गया, जिसने उसे राखी भेजी थी।

अब 9 अगस्त, 2015 की तारीख पर आते हैं। पिछले एक हफ्ते से देश के विभिन्न क्षेत्रों से आए 18 लड़के और चार लड़कियाँ एक प्रशिक्षण कार्यक्रम में भाग ले रहे थे। यह कार्यक्रम विशेष रूप से भारत के प्रमुख कॉरपोरेट घरानों के सौ से ज्यादा सबसे वरिष्ठ अधिकारियों के लिए तैयार किया गया था। प्रशिक्षण मुंबई से 150 किलोमीटर दूर महाराष्ट्र की एक सदानीरा नदी के किनारे प्राकृतिक रूप से सुंदर जगह पर आयोजित किया गया था। वरिष्ठ अधिकारी दो समूहों में आए थे और लगभग तीन दिनों तक वहाँ ठहरे और उन्होंने विभिन्न खेल गतिविधियों में हिस्सा लिया।

वे सारे खेल कुछ पूर्व निर्धारित मैनेजमेंट संबंधी विचार प्रक्रिया विकसित करने के हिसाब से तैयार किए गए थे। इनमें एक 'वॉर गेम' था, जिसमें एक टीम को किले

की रक्षा करनी थी और दूसरी टीम को उस पर हमला कर किले पर कब्जे की कोशिश करनी थी। खेल, जो पूरी रात खेला जाना था, उसमें सघन नियोजन, अपनी तरफ से सक्रियता दिखाने, शत्रु से कड़ा व्यवहार करने, जबकि सहयोगी सैनिक के साथ मानवीय व्यवहार करने, विजनरी होने तथा दूरगामी कड़े फैसले करने जैसी मैनेजमेंट की कई क्रियाएँ शामिल थीं। ऐसे कई उद्देश्य तीन दिन की अति व्यस्त खेल गतिविधियों में शामिल थे।

वे 22 युवा, जिनकी औसत आयु 22 वर्ष से ज्यादा नहीं थी, दौड़-दौड़कर इन अधिकारियों की मदद कर रहे थे। जब अधिकारी विश्राम के लिए चले गए तो वे दो घंटे और काम करते रहे तथा सुबह उनसे एक घंटे पहले जाग गए, ताकि चेहरे पर मुसकान लिये वे चाय व अगली खेल गतिविधियों की चीजों के साथ अधिकारियों का स्वागत कर सकें। दूसरे दिन सुबह श्वेता नाम की लड़की की सोने की बाली गुम हो गई, जिसे वह 8वीं कक्षा से पहनती रही थी। वह विचलित थी, खासतौर पर इसलिए, क्योंकि उसका परिवार उसके इवेंट मैनेजमेंट कंपनी में काम करने के खिलाफ था। अचरज की बात थी कि उसने शेष प्रशिक्षण कार्यक्रम के दौरान खुद को शांत बनाए रखा। आखिरी दिन अधिकारियों ने इन युवाओं के प्रति कृतज्ञता व्यक्त करने के लिए कुछ पैसे इकट्ठे किए, जिन्हें श्वेता के नुकसान के बारे में पता नहीं था। रक्षाबंधन के दिन जब ये अधिकारी अपनी बहनों के साथ राखी मनाने के लिए रवाना हो रहे थे, इन 18 लड़कों ने पैसे इकट्ठे करके उसी तरह की सोने की बाली खरीदी, ताकि श्वेता को घर पर डाँट न पड़े। मैं यह लिख रहा था, तब तो मुझे पता नहीं लगा कि उनकी 'असली' बहनों की प्रतिक्रिया क्या थी, जिन्हें शायद वादे से थोड़ा छोटा तोहफा मिला होगा, क्योंकि उन्होंने कुछ पैसा तो श्वेता के लिए खर्च कर दिया था, जो उनके दफ्तर में काम करने वाली बहन है। लेकिन वे न सिर्फ श्वेता की जिंदगी में फर्क ले आए, बल्कि उन 100 अधिकारियों को भी प्रभावित किया था, जिन्हें बाद में इस घटना का पता तो चल ही जाएगा। उन्हें किफायत की जिंदगी जीने वाले उन युवाओं की सदाशयता में उनका बड़ा दिल नजर आएगा।

> फंडा यह है कि यदि आप वाकई दुनिया में फर्क लाना चाहते हैं, तो आपको सिर्फ एक बड़े दिल की जरूरत है।

आपदा का अनुभव देता है बचाने की भावना

2 जुलाई को देर राज रायगढ़ जिले के मुख्य वन संरक्षक ने 36 साल के महेश रामचंद्र सानप को आकस्मिक कॉल किया और उनसे एक असामान्य-सी मदद माँगी। रायगढ़ की रोहा तहसील के कोलाड में रहनेवाले महेश को राज्य भर से आकस्मिक फोन कॉल आते रहते हैं और उन्हें इसकी आदत भी है, खासतौर पर कोंकण बेल्ट से, जिसे बारहमासी नदियों और हरित क्षेत्र के लिए जाना जाता है। यह अहम पर्यटन स्थल है, इस क्षेत्र में बारिश और ठंड के मौसम में कई दुर्घटनाएँ होती रहती हैं। महेश ऐसे मामलों में बिना शुल्क बचाव अभियान चलाते हैं। जब भी वाटर ट्रांसपोर्ट बिजनेस में कोई दुर्घटना होती है, जिसका संबंध इनसान की जान से हो, सबसे पहले इसकी सूचना उन्हें ही दी जाती है। महेश कोई प्रशिक्षित गोताखोर नहीं हैं, लेकिन उन्होंने गरीब तबके से संबंध रखने वाले और कई अनाथ बच्चों को इसका प्रशिक्षण दिया है, ताकि वे इसके जरिए अपनी आजीविका चला सकें। किंतु उन्होंने प्रशिक्षण देने से पहले यह शर्त भी रखी कि अगर कोई सरकार या सरकारी एजेंसी इनसान का जीवन बचाने के लिए उनकी मदद माँगेगी तो वे मुफ्त में अपनी सेवा देंगे। महेश का मोबाइल नंबर हर पुलिस स्टेशन में मौजूद है। आज 100 से ज्यादा अच्छे प्रशिक्षित और सर्टिफाइड गोताखोर पूरे जिले और साथ ही बाहरी क्षेत्रों, जैसे गोवा और कई तटीय राज्यों में भी काम कर रहे हैं। यहाँ ये गोताखोर कर्मचारी हैं।

लेकिन उस दिन देर रात वह फोन किसी इनसान की जिंदगी को बचाने के लिए नहीं था, बल्कि पाँच डॉल्फिन की जान बचाने के लिए था, जो गलत रूट पर आ गई थीं। ये सीधे अरब सागर में जाने के स्थान पर अनजाने में इंडस्ट्रियल बेल्ट की अंबा नदी में आ गई थीं, पाँचों डॉल्फिन 30 किलोमीटर तैरकर अंदर तक आ

गई थीं। वन अधिकारी जानते थे कि जितना वे नदी में आगे बढ़ती रहेंगी, उतना ही उनके लिए खतरा बढ़ता जाएगा, क्योंकि आगे जलस्तर कम होता जाएगा और नदी का प्रदूषित क्षेत्र भी समस्या बनेगा। महेश ने तुरंत गोताखोरों की एक टीम बनाई और एक मानव शृंखला बनाकर पूरी नदी की चौड़ाई को 12 विशेषज्ञों की मदद से घेरा। इन्होंने एक दिशा में पानी का मार्ग पूरी तरह बंद कर दिया। चूँकि वे जानते थे कि डॉल्फिन पानी में होने वाली आवाजों के प्रति प्रतिक्रिया करती है, उन्होंने राफ्टिंग स्टिक से नदी के पानी में आवाज पैदा करनी शुरू की और डॉल्फिन को अरब सागर की ओर बढ़ाने लगे।

किंतु समस्या यह हुई कि आवाज बंद होते ही डॉल्फिन ने फिर से नदी में आगे बढ़ना शुरू कर दिया, इसलिए टीम ने घंटों तक पानी में आवाज की। चूँकि नदी में कई स्थानों पर बहुत ज्यादा प्रदूषण था, डॉल्फिन को तेजी से फिर से अरब सागर की ओर भेजना जरूरी था। महेश के मार्गदर्शन में पूरी रात कड़ी चौकसी की गई और पूरे 18 घंटे तक लगातार डॉल्फिन को 30 किलोमीटर आगे बढ़ाया गया। ऑपरेशन 'रेस्क्यू डॉल्फिन' दोपहर 1:30 बजे शुरू हुआ और अगले दिन सुबह 6:30 तक चला। वन अधिकारियों और राज्य सरकार ने युवाओं की इस टीम को प्रमाण-पत्र देकर सम्मानित किया।

महेश का मानना है कि उनके सिखाए अधिकांश लड़के अनाथालयों से संबंध रखते हैं। और यही कारण है कि वे जीवन का महत्त्व समझते हैं, इसलिए किसी की भी जिंदगी बचाने के लिए संघर्ष करते हैं, चाहे वह इनसान हो या जानवर। पिछले 15 साल से पुलिस उन्हें बुला रही है और उनकी टीम ने 154 डूबने के मामले में काम किया है; जिसमें से 40 लोगों को जीवित बचाया और 114 बॉडी खोजीं। इसे सफलता का अच्छा प्रतिशत माना जाता है।

> फंडा यह है कि अगर लोगों की जान बचाने के काम में ऐसे लोगों को लगाया जाए, जिन्होंने कभी खुद जीवन या मौत का अनुभव किया हो, तो उनके जीवन बचाने की दर उन लोगों की अपेक्षा ज्यादा होगी, जो इस काम के लिए विशेष रूप से प्रशिक्षित किए गए हैं।

अच्छे बोल देश को बुजुर्गों के लिए श्रेष्ठ बना सकते हैं

पहली कहानी : 'इसे एक साल के फिक्स डिपॉजिट में रख दो और मुझे इसकी रसीद दे दो।' उनकी काँपती आवाज से 76 साल की उनकी उम्र जाहिर हो रही थी। वे पंजाब महाराष्ट्र कोऑपरेटिव (पी.एम.सी.) बैंक में कैश काउंटर पर मुझसे आगे खड़े थे। उनके दिए नोट व्यवस्थित क्रम में नहीं थे, इसलिए काउंटर क्लर्क को उन्हें गिनने में समय लगा। नोट गिनते हुए उसने पूछा, 'फिक्स डिपॉजिट में इसे जमा करने के लिए कौन से अकाउंट का इस्तेमाल करूँ, सेविंग या करंट?' जी.के. श्रीवास्तव, यही नाम उनकी परची पर लिखा था, यह सुनकर नाराज हो गए। मैंने कहा, 'फिक्स डिपॉजिट, न कि सेविंग या करंट'। क्लर्क ने तुरंत कहा, 'सर, मैं समझ गया, लेकिन फिक्स डिपॉजिट के लिए पहले पैसा आपके किसी अकाउंट में जमा होगा और फिर फिक्स डिपॉजिट अकाउंट में जाएगा।'

वे लगातार बैंक के प्रवेशद्वार की ओर देख रहे थे, जैसे उन्हें किसी के आने की आशंका या चिंता हो। उन्होंने कहा, 'अगर आप इसे मेरे किसी खाते में जमा करेंगे तो फिर मुझे चैक जारी किए बिना आप कैसे ट्रांसफर करेंगे, जो मेरे पास नहीं है?' 'सर, चिंता मत कीजिए,' क्लर्क ने आश्वस्त करते हुए कहा, 'इस स्थिति में सिर्फ एक चैक उपलब्ध करा दूँगा'। बुजुर्ग ने आँखों के इशारे से मुझे थोड़ा इंतजार करने का अनुरोध किया और जल्दी से बुजुर्ग का काम किया। बाद में क्लर्क ने बताया कि ये छोटी-छोटी बचत करते हैं, लेकिन इनकी रिश्ते की एक महिला आकर उन्हें सबके सामने प्रताड़ित करती है और उनसे पैसे छीन लेती है। चूँकि बैंक अकाउंट उनका है, इसलिए हम इन्हें पैसा जमा करने से रोक नहीं

सकते। स्वस्थ और समृद्ध होने के बावजूद सार्वजनिक रूप से किए जाने वाले दुर्व्यवहार के कारण वे तनाव और निराशा में घिरे रहते हैं।

दूसरी कहानी : गणपति कुलकर्णी अपने घर के नजदीक के गणेश मंदिर में होने वाली मंगलवार की लंबी आरती में शामिल होना हमेशा टाल जाते हैं, क्योंकि अगर वे सुबह आठ बजे से पहले घर नहीं पहुँचते हैं तो उन्हें पूरा दिन घर के बाहर ही रहना पड़ता है, जब तक कि उनका बेटा और बहू काम से घर वापस नहीं आ जाते। मंगलवार को कोई भी उनके चेहरे पर चिंता को साफ देख सकता था, वे अपनी घड़ी की ओर ज्यादा और भगवान् को कम देखते। कुलकर्णी विधुर हैं और एक बार उन्होंने घर की चाबियों का पूरा गुच्छा मंदिर में खो दिया था, तब से घर की चाबी मंदिर ले जाने पर रोक लगा दी गई और बेटा-बहू के घर से जाने से पहले उन्हें घर पहुँचना पड़ता है।

श्रीवास्तव की ही तरह, जिन्हें भले लोगों की तलाश रहती है और उन्हें ऐसे लोग बैंक के काउंटर पर मिल भी जाते हैं, कुलकर्णी भी इसी तरह के लोगों को भगवान् गणेश की शरण में तलाशते हैं। दोनों समृद्ध और स्वस्थ हैं, लेकिन उनका व्यवहार हमें यह सोचने पर मजबूर करता है कि क्या वे खुश हैं? गुरुवार को सुबह मैं लंदन से जारी हुआ ग्लोबल एज वॉच सर्वे पढ़ रहा था, जिसमें कहा गया था कि भारत में बुजुर्गों के लिए कोई स्थान नहीं है और इसे वृद्धों के लिए सबसे बुरे स्थानों में शामिल किया गया है, तो एक क्षण के लिए मेरे दिमाग में श्रीवास्तव और कुलकर्णी का खयाल आया।

ग्लोबल सर्वे में भाग लेनेवाले लोगों की तरह इन्होंने कभी नहीं कहा कि उनके लिए अच्छी चिकित्सा सुविधाएँ नहीं हैं, इन्होंने कभी नहीं कहा कि वे सुरक्षित अनुभव नहीं करते और इन्होंने कभी नहीं कहा कि उनके आने-जाने के लिए अच्छी सुविधाएँ नहीं हैं। वे सिर्फ चाहते हैं कुछ अच्छे प्रेम, आदर और करुणा के साथ कहे गए शब्द और 'चुनने की आजादी' ताकि शेष जीवन अपनी तरह से जी सकें। मुझे यकीन है कि हममें से सभी अपने आसपास रहनेवाले ऐसे कुलकर्णी और श्रीवास्तव को जानते होंगे।

> फंडा यह है कि सर्वे के परिणामों को सिर्फ एक छोटे और आसान से तरीके से बदला जा सकता है–बुजुर्गों से अच्छे और उदार शब्दों में बात करें।

बदले की भावना शांत करने का हुनर आपको अलग बनाता है

तीन हट्टे-कट्टे आदमी पागलों की तरह झारखंड के सिमडेगा जिले के सिहारजोर गाँव में रहनेवाली निर्मला टोप्नो के साधारण से घर की ओर दौड़ रहे थे। वे दौड़ते हुए जोर-जोर से चिल्ला रहे थे, 'निर्मला, निर्मला, बाहर आओ! वे फिर आए हैं, गाँव को नष्ट कर दिया जाएगा, जल्दी बाहर आओ!' पुकार सुनकर निर्मला बाहर आ गई। 'जल्दी चलो। वे छह हैं और बहुत गुस्से में हैं। वे हमारे साथ कुछ भी कर सकते हैं, हमें मार भी सकते हैं। जल्दी चलो।' उनमें से एक उड़िया भाषा में चिल्ला रहा था, जबकि हाँफते हुए वह पीने का पानी माँग रहा था।

निर्मला सबसे आगे दौड़ी और तीन आदमी पानी पीने के बाद उसके पीछे हो लिये। गाँववाले असहाय-से खड़े थे। उन्हें चिंता थी कि कहीं उनके खेत व झोंपड़ियाँ गुस्से का शिकार न हो जाएँ! उसने अपने हाथ उठाकर सांकेतिक भाषा में गाँववालों को आश्वस्त किया और हमलावरों से भी कहा कि वे उन्हें नुकसान न पहुँचाएँ। वह सीधे उनके पास गई, जो गुस्से से उबल रहे थे। उनके पास जाने के बाद उसने अचानक उड़िया भाषा में मधुर स्वर में गीत गाना शुरू कर दिया। साथ में वह सिर के ऊपर अपने हाथ भी हिला रही थी।

गीत का अर्थ था, 'कृपया चले जाओ। आप सब हमारी शांति भंग कर रहे हैं। हम किसी को नुकसान पहुँचाना नहीं चाहते, क्योंकि हम आपको प्रेम करते हैं और हमें आपकी परवाह है।' वह सीधे उनकी आँखों में देखती हुई गा रही थी। फिर उसने अपनी आवाज ऊँची कर उन्हें डाँटना शुरू कर दिया। पाँच मिनट बाद सबने यह देखकर राहत की साँस ली कि वे हाथी शांत होने लगे। फिर पैरों को मोड़ते हुए धीरे-

धीरे जंगल लौट गए। निर्मला को यह अनोखी नेमत मिली है—जंगली हाथियों के साथ बातचीत करने की, जो प्राय: भटकते हुए गाँव में घुस आते हैं। पिछले कुछ बरसों में उसने हाथियों के बड़े-बड़े गुस्सैल झुंडों को शांत करने और गाँव को नुकसान पहुँचाए बगैर उन्हें जंगल लौट जाने के लिए राजी करने में कामयाबी पाई। लोग उसे 'एलिफेंट व्हिस्पर' कहने लगे हैं। सच तो यह है कि जंगली हाथियों को काबू में करने और उन्हें पालतू बनाने का हुनर उसे उसके पिता ने सिखाया। 2013 के अंत में निर्मला और उसके पिता को जंगली हाथियों को काबू में करने के लिए बुलाया गया था। जब वे वहाँ पहुँचे तो हाथी खेतों में थे और बहुत गुस्से में थे, क्योंकि लोग उन पर पत्थर फेंक रहे थे। निर्मला व उसके पिता दो अलग दिशाओं में बँट गए, इस उम्मीद में कि हाथियों का ध्यान बँटाया जा सके। जब वह गा रही थी और हाथियों को वहाँ से चले जाने को कह रही थी तो उसे उस ओर कोलाहल सुनाई दिया, जहाँ उसके पिता मौजूद थे। उसे अहसास हो गया कि कुछ गड़बड़ है। वह दौड़कर भीड़ में घुसी तो उसने देखा कि पिता जमीन पर पड़े हैं और पास में एक विशाल हाथी खड़ा था। हाथी बहुत गुस्से में था। निर्मला हाथी के पास गई और उसकी आँखों में देखा, फिर उनसे कहा, 'कृपया यहाँ से चले जाओ।' कुछ मिनट तो वह वैसा ही खड़ा रहा, फिर धीरे-धीरे पीछे चला गया और जल्दी ही झुंड के बाकी हाथी भी जंगल में लौट गए।

निर्मला दौड़कर पिता के पास पहुँची, लेकिन तब तक देर हो चुकी थी। सरकार ने दो लाख रुपए का मुआवजा दिया, उसकी माँ को नौकरी दी और निर्मला की पढ़ाई पूरी होने के बाद उसे फॉरेस्ट गार्ड की नौकरी का वादा किया, ताकि वह हाथियों को अवैध शिकारियों से बचा सके। हालाँकि उसे दु:ख है कि हाथियों के कारण उसे पिता को गँवाना पड़ा, लेकिन वह उनसे नफरत नहीं करती। वह चाहती है कि गाँव के अन्य पिता सुरक्षित रहें और उसने इस काम में अपने को समर्पित कर दिया है।

> फंडा यह है कि बदला लेने की भावना को भड़काना आसान है, लेकिन उसे समाज के व्यापक कल्याण के लिए शांत करने की योग्यता आपको अलग बनाती है।

☐

प्रेमपूर्ण और करुणामय बनना हिम्मत का काम है

वे आसमान की ओर देखती हैं और ऐसे हाथ उठाती हैं, जैसे वर्षा के देवता से पूछ रही हों, 'अब इसका क्या उपयोग है?' पार्वती शिंदे की आँखों से आँसू बह रहे हैं। ये खुशी के आँसू नहीं हैं कि मराठवाड़ा में मानसून के तीन माह सूखे गुजरने के बाद अब बारिश हो रही है। वे आसपास की ओर देखकर अपने प्रिय देवता गणेशजी से पूछ रही हैं, 'आपने सिर्फ तीन हफ्ते पहले बारिश क्यों नहीं की, यदि ऐसा होता तो मैं अपनी फसल बचा लेती!'

पहले तो बारिश न होने से फसल खराब हो गई और अब जब बारिश हो रही है, तो कोई उसे दूसरी बार फसल के लिए पैसा देने को तैयार नहीं है। उस पर पहले ही 40 हजार रुपर का कर्ज है। दो साल पहले ही उसके पति गुजर गए और उसके तीन बच्चे हैं। पति की मौत से पहले दोनों ने यह तय किया था कि किसी भी हालत में वे अपनी तीन एकड़ जमीन नहीं बेचेंगे, जो उन्हें विरासत में मिली है। उन्हें लगता है कि यदि उन्हें कुछ हुआ तो यही संपत्ति है, जो वे अपने बच्चों के लिए पीछे छोड़कर जा सकते हैं।

इसके दो कारण हैं। एक, परिवार को खेती करने के अलावा और कुछ नहीं आता। दो, यदि मूलभूत संपत्ति ही चली गई तो वह या उसका परिवार शेष जीवन कैसे गुजारेगा, जिसमें दो बेटे और एक बेटी हैं? दो साल पहले बेटी की शादी में पूरे जीवन की बचत चली गई। क्षेत्र के जालना जिले के भोकरदन गाँव के रहवासी कपास की खेती करके आजीविका कमाते हैं। पिछले साल भी फसल बरबाद हो गई थी, पर हालत उतनी खराब नहीं थी, जितनी इस साल है।

उन्होंने बीज, रासायनिक खाद और मजदूरी पर 40 हजार रुपए लगाए थे और बदले में सिर्फ 30 हजार मिले थे। इस साल बारिश की उम्मीद में फिर 30 हजार का

निवेश किया, लेकिन बारिश नहीं हुई। अब परिवार संकट में आ गया है और एक जून की रोटी जुटाना कठिन हो गया है। इस बीच, इस हफ्ते बॉलीवुड अभिनेता नाना पाटेकर और मराठी फिल्मों के अभिनेता व मराठवाड़ा के निवासी मकरंद अनासपुरे ने सूखे से प्रभावित महाराष्ट्र के किसानों की मदद के लिए गैर-सरकारी संगठन 'नाम फाउंडेशन' की शुरुआत की। यह संस्था उन परिवारों की मदद कर रही है, जो छोटे-मोटे कर्ज न चुकाने के कारण आत्महत्या का विकल्प चुन रहे हैं और भुखमरी का सामना भी कर रहे हैं। विडंबना यह है कि ये परिवार संपन्नता के उस दौर में भुखमरी का सामना कर रहे हैं, जब हममें से प्रत्येक के पास रोज किसी-न-किसी चीज पर बरबाद करने के लिए पैसा होता है। इन दो अभिनेताओं ने अब तक 175 परिवारों की मदद की है। हालाँकि, पार्वती को सीधे नाना की ओर से की गई इस पहल के जरिए कोई लाभ नहीं मिला है, लेकिन उनकी पहल ने कुछ युवकों को प्रेरित किया है, जो भगवान् गणेश के दूत यानी विघ्नहर्ता के रूप में काम कर रहे हैं और उन्होंने कुछ लोगों को मदद पहुँचाई है।

मराठवाड़ा में घूमते हुए मैं मुंबई के अमरजीत पानेसर से मिला। गणेश चतुर्थी की पाँच दिनों की छुट्टी का फायदा उठाते हुए दोनों बाइक पर इलाके में घूम-घूमकर खुद किसानों का दर्द समझने का प्रयास कर रहे हैं। उन्हें अच्छी तरह मालूम है कि वे अपने संसाधनों से तो थोड़े लोगों की ही मदद कर पाएँगे, लेकिन वे स्थिति को समझकर, लौटने के बाद यह सब अपने मित्रों को सुनाना चाहते हैं। वे उन्हें प्रेरित करना चाहते हैं कि वे कॉफी शॉप और कॉलेज कैंटीन में जो पैसा खर्च करते हैं, उसे बचाएँ—यह वाकई बहुत करुणामय विचार है। मुझे लग रहा था कि मैं जैसे संतों के मुख से 'प्रवचन' सुन रहा हूँ! उनकी उम्र तो देखिए, सिर्फ 18 साल और उनका सोचने का तरीका देखिए! मेरे दिल ने चुपचाप इन युवाओं और स्वाभाविक रूप से नाना व मकरंद को सलाम किया।

> फंडा यह है कि मानव की वास्तविक शक्ति तो विनम्र, प्रोत्साहन देने, सकारात्मकता रखने और प्रेमपूर्ण होने में ही है और करुणामय और दूसरों की परवाह करनेवाला बनने के लिए वाकई हिम्मत लगती है।

आसपास बिखरे जीवन का अहसास सहेजें

मैंने तुरंत अपनी कार का ब्रेक लगाया। आगे जा रहा स्कूटर सवार सड़क पर पैदल जा रहे उसके एक मित्र को साथ लेने के लिए एकाएक रुक गया था। मुझे हुई परेशानी और अचानक रुकने के जोखिम को समझते हुए उसने पीछे मुड़कर देखा और इशारा किया, जिसका मतलब था कि 'मुझे इस व्यक्ति को लेना था, सॉरी!' चूँकि स्कूटर सवार और पैदल जा रहे व्यक्ति करीब 70 की उम्र के आसपास होंगे, इसलिए मैंने कहा, 'ठीक है।' मैंने सुना कि स्कूटर चलानेवाले व्यक्ति ने पैदल जा रहे व्यक्ति से कहा, 'क्या तुम कुछ बहुत अच्छी चीज सुनने के लिए दो घंटे के लिए चलोगे?' मुझे यह बात बड़ी अजीब लगी, क्योंकि इसका कोई स्पष्ट मतलब नहीं निकल रहा था और दोनों बुजुर्ग व्यक्ति कहाँ जाने की बात कर रहे हैं, यह मैं समझ नहीं पाया था। पैदल चल रहे व्यक्ति ने अपनी पुरानी हाथ घड़ी की ओर देखा और कहा, 'भोजन के लिए तो अभी काफी वक्त है, चलो चलते हैं,' इससे पहले कि वे स्कूटर पर सवार होकर रवाना होते, मेरे पीछे के बेसब्र कार ड्राइवर ने जोर-जोर से हॉर्न बजाना शुरू कर दिया। स्कूटर सवार ने उससे इशारों में कहा, 'जब वह आदमी (मेरी ओर संकेत) हॉर्न नहीं बजा रहा है, तो तुमको इतनी जल्दी क्यों है?' युवा लड़के ने अपने गुस्से को काबू में रखते हुए जोर से कहा, 'बाबा, जल्दी बैठो, दिमाग मत खाओ।' बुजुर्ग ने अपने माथे की सलवटों पर हाथ फेरा, जिसका मतलब था, 'यह दुनिया नहीं सुधरेगी।' उन्होंने चालक से कहा, 'इन लोगों को अच्छी सोच की जरूरत है, हमें नहीं।' चूँकि मेरे पास उस शाम करने के लिए कुछ खास नहीं था और मैं छुट्टी पर था, मैंने उन बुजुर्गों का पीछा करने का निश्चय किया। पहले से नाराज युवा ड्राइवर ने अपना गुस्सा मुझ पर

निकाला और कहा, 'कहाँ-कहाँ से आ जाते हैं मुंबई की गाड़ी लेकर नासिक में?' मैंने उसके व्यवहार को नजरअंदाज किया और स्कूटर के पीछे चल पड़ा, जो एक पंडाल के बाहर जाकर रुक गया, जहाँ रामायण कथा चल रही थी।

अंदर बड़ी उम्र के लोगों की पूरी दुनिया मौजूद थी, जिनके अधूरे सपने उनके माथे पर नजर आ रहे थे। उनकी चिंताएँ उनके माथे की लकीरों में दिखाई दे रही थीं। अधिकांश बुजुर्गों की देहबोली से लग रहा था कि वे अत्यधिक अकेलापन झेल रहे थे, बल्कि थामे हुए थे, जैसे एकजुट होकर जीवन की उस राह पर एक साथ जाने का प्रयास कर रहे हों, जिसका शायद उन्हें ज्यादा अनुभव नहीं है। साथ होने की उनकी खुशी, संकोच, उनकी उम्मीदें और दिन के बचे समय में खुद को सँभालने या जिंदगी के बचे हुए समय में उसका अर्थ लगाने की उनकी कोशिश कोई भी देख सकता था। जो खुशकिस्मत थे, वे जोड़े में थे, लेकिन कई अकेले लोग इस उम्र में अपने लिए साथियों और अन्य परिवारों में कंपनी ढूँढ़ रहे थे।

उनकी पहली चिंता उनका स्वास्थ्य था या शायद वे अपने पल गिन रहे थे, जैसा कि अकेले लोग अकसर किया करते हैं। किंतु उनकी एकजुटता के मौन में या शायद अलगाव के अकेलेपन में एक ही अहसास है, प्रत्येक को किसी चीज की तलाश है। जब कथावाचक उनके अहसास को छू लेता तो वे एक-दूसरे को मुड़कर देखते, मुसकराते और सहमति का संकेत देते।

उनकी खामोशी में काफी सारा संवाद था। कभी दर्शक के रूप में, कभी अनिच्छुक भागीदार के रूप में और कभी घुसपैठिए के रूप में इन सभी को देखने के बाद मुझे लगा कि जीवन कितना नाजुक है और परिवार के साथ समय बिताना कितना महत्त्वपूर्ण है! मुझे यह भी समझ में आया कि ऐसे दृश्यों का गहराई से अहसास होना कितना जरूरी है, जिन्हें हम अकसर नजरअंदाज करते हुए, इनमें भीगे बिना आगे बढ़ जाते है! अपनी ही दुनिया में खोए हुए, बिना ब्रेक लिये। मैं यह सोचने पर मजबूर हुआ कि कहीं मैं अपने आसपास की दुनिया से अनजान तो नहीं हूँ! क्या मुझे अपनी आँखें अकसर खुली रखने की जरूरत है? अपनी कार चालू करने से पहले मैंने खुद से कहा, 'हाँ'।

फंडा यह है कि हमारे आसपास जीवन बिखरा पड़ा है। इससे पहले कि देर हो जाए, हमें सबक लेने की जरूरत है।

□

सदियों की परंपराओं को दें अनूठा, आधुनिक रूप

रविवार को मुंबई ने डेढ़ लाख गणेश प्रतिमाओं का विदाई देकर विसर्जन किया और इसके अलावा कई छोटी-छोटी गणेश प्रतिमाओं को घरों से विदा किया गया। इस बीच एक खास भावुक विदाई ने सभी का ध्यान अपनी ओर खींचा। पुणे के पिंपरी में एक परिवार ने ऐसी मूरत को अपने घर से विदा किया, जो मिट्टी या अन्य सामग्री से नहीं बनी थी, बल्कि 10 दिन का यह जीवित मेहमान हाड़-मांस और रक्त का बना था। गणेशोत्सव की शुरुआत में निजी व्यवसायी योगेश मालवेकर पास की कच्ची बस्ती से अपने घर 12 साल के एक बच्चे को ले आए। कमजोर आर्थिक परिस्थिति वाले आकाश को परिवार ने गणेश प्रतिमा का स्थान दिया और उसने प्रेम करनेवाले परिवार के साथ दस अच्छे दिन बिताए।

आकाश पहले दिन योगेश के कंधों पर बैठकर बैंड-बाजों के साथ घर आया था। उसकी वैसी ही धूमधाम से आरती उतारी गई, जैसे कि गणेशजी की उतारी जाती है। तब से योगेश के घर में ही रह रहा था आकाश। यहीं से वह अपने स्कूल जा रहा था, योगेश की बेटी इथा के साथ खेल रहा था और उनके परिवार के साथ ही खा-पी रहा था। जैसे कि भक्त गणेशजी को उनकी पसंद का भोग लगाते हैं, वैसे ही आकाश से कहा गया था कि वह अपनी पसंद बताए और उसकी पसंद-नापसंद को ध्यान में रखकर ही भोजन तैयार किया जा रहा था। भगवान् के स्थान पर आकाश को घर लाने के अनोखे विचार ने योगेश के दोस्तों का ध्यान भी अपनी ओर खींचा। योगेश के दोस्त उसे शॉपिंग के लिए ले गए और पढ़ाई के महत्त्व के बारे में भी समझाया।

जब सभी भक्त गणेशोत्सव में अपने घरों में अपने प्रिय गणेशजी की प्रतिमाएँ

लाए, इस परिवार ने उस बच्चे को घर लाने का फैसला किया और वह सभी कुछ, जो वे गणेशजी के लिए करना चाहते थे, उसे बच्चे को दिया। कक्षा छह में पढ़नेवाला आकाश रेणुका और दत्ता पवार का छोटा बेटा है, जो घर में और चाय की दुकान पर काम करते हैं। यह बच्चा कभी भी अपनी पढ़ाई पर ध्यान केंद्रित नहीं कर पाया, क्योंकि गरीबी के कारण वह पढ़ाई को एक अलग नजरिए से देखने पर मजबूर था।

आकाश को योगेश ने गंदगी के बीच देखा था और इस साल वह कुछ अलग करना चाहते थे, ताकि समाज एक साथ आए और उसके इस क्रांतिकारी विचार पर मनन करे। मूल विचार सिर्फ त्योहार मनाना नहीं, साथ ही दुनिया में प्रेम का प्रसार करना भी है, जहाँ दुर्भाग्य से नफरत बढ़ रही है।

हालाँकि आसपास के लोगों ने उनके इस विचार को थोड़े से विरोध के बाद कुबूल तो कर लिया, लेकिन फिर भी समाज इसे संदेह की नजर से देखता है। जो बात एक गरीब परिवार के बच्चे को दस दिन के लिए घर लाने के विचार से शुरू हुई थी, आकाश को दसवीं कराने के संकल्प तक पहुँची।

हालाँकि रविवार को अनंत चतुर्दशी के मौके पर परिवार आकाश को विदा कर आया है, लेकिन वह विशेष अवसरों पर परिवार में आता रहेगा, क्योंकि धीरे-धीरे वह परिवार का हिस्सा बन गया है। दस दिन का भावनात्मक जुड़ाव और प्रेम इनसानों के बीच बंधन के लिए पर्याप्त है। परिवार ने आकाश को शिक्षा की अहमियत नियमित रूप से याद दिलाने की जिम्मेदारी ली है, ताकि उसका भविष्य सुरक्षित हो सके। ऐतिहासिक रूप और काल की जरूरत के मुताबिक उसे उन्होंने अपना लिया है। कौन जानता है, यह भी एक नई परंपरा चल पड़े!

> फंडा यह है कि अगर कोई रस्मों और विश्वासों से परे हमारे उत्सवों की गहराई में जाए तो यह समृद्ध और वंचित तबकों के बीच सेतु है। योगेश के प्रयास को स्वीकार्यता और सराहना की जरूरत है, क्योंकि उन्होंने कट्टरपंथी सोच को नकारा है और उत्सव मनाने को अपना अलग अर्थ दिया है।

किसी को दूसरा जीवन देना सबसे बड़ा उपहार

डॉक्टर को हमेशा भगवान् के समान माना जाता है, क्योंकि वे कई बार आपको मौत के मुँह से बचा लाते हैं। किंतु जो लोग डॉक्टर नहीं हैं, वे इस रुतबे की हसरत नहीं रख सकते, क्योंकि वे इस तरह किसी की जिंदगी नहीं बचा सकते, लेकिन जिंदगी बचाने के दूसरे तरीके भी हो सकते हैं। अब देखिए कि एम.एल. पासवान और टी.वी. शर्मा डॉक्टर नहीं हैं, वे भारतीय रेलवे के इलाहाबाद डिविजन में ग्वालियर स्टेशन के तहत ट्रेन ड्राइवर और गार्ड हैं और कम-से-कम 22 वर्षीय सुभाष हल्केराम विश्नोई के लिए तो भगवान् ही साबित हुए हैं। सुभाष मध्य प्रदेश के मुरैना जिले के मध्यमवर्गीय व्यक्ति हैं। बीते शनिवार को 3:20 बजे पासवान ने ट्रेन को लंबी सीटी दी और ग्वालियर व संभलगढ़ स्टेशन के बीच चलने वाली नैरोगेज की ट्रेन क्रमांक 52173 फिर अपने गंतव्य की ओर रफ्तार पकड़ने लगी।

उस दिन भीड़ बहुत ज्यादा थी। लोग ट्रेन की छत पर भी बैठे थे। डीजल इंजन हमेशा की तरह तेज आवाज कर रहा था, इस वजह से उन्हें मोबाइल फोन पर काफी ऊँची आवाज में बात करनी पड़ रही थी। उन्होंने पीछे मुड़कर ट्रेन के आखिरी छोर की ओर देखा और उनके साथी, गार्ड शर्मा ने हरी झंडी दे दी। उन्होंने ब्रेक छोड़ दिए, ट्रेन आगे बढ़ने लगी। नैरोगेज ट्रेन के इतिहास से गायब हो रही है। सामान्य ढंग से रुकने और फिर आगे बढ़ने के बाद ट्रेन करीब 4:30 बजे बामोर स्टेशन को पास कर गई। रेल अपनी रफ्तार से आगे बढ़ रही थी।

अचानक पास की बोगी से कोई इंजन को ठोंकने लगा। ट्रेन चढ़ाई की ओर थी। डीजन इंजन बहुत ज्यादा शोर कर रहा था, इसलिए पासवान सुन नहीं पाए। जब ट्रेन मैदानी इलाके में पहुँची तो उन्होंने परेशान कर रहे यात्रियों को डाँटा, लेकिन जब सुना

कि एक यात्री गिर गया है तो पासवान ने ब्रेक लगा दिए। पासवान ने पूछा, कहाँ? जवाब मिला, बहुत दूर नहीं है साहब, हम आपको बहुत देर से बताने की कोशिश कर रहे थे, लेकिन आपने सुना ही नहीं। रोज इस रेल से यात्रा करनेवाले सुभाष ट्रेन के गेट पर खड़े थे और लोगों की धक्का-मुक्की के बीच गिर गए। तब तक गार्ड को भी सूचना दे दी गई तो शर्मा भी इंजन तक आ गए।

रेलवे की रूल बुक में स्पष्ट निर्देश हैं कि किसी भी दुर्घटना की स्थिति में ड्राइवर और गार्ड को अगले स्टेशन पर सूचना देनी होती है और स्टेशन मास्टर दुर्घटना पीड़ित के लिए जो भी जरूरी होता है, वह काररवाई करता है, लेकिन ऐसा कोई प्रावधान नहीं है कि ट्रेन को हादसे के स्थान पर ले जाया जाए। रूल बुक इंजन ड्राइवर के लिए बाइबिल की तरह होती है। हालाँकि, रूल बुक को नजरअंदाज करते हुए ड्राइवर और गार्ड ने फैसला किया कि ट्रेन को पीछे ले जाया जाए, क्योंकि वह स्थान ज्यादा दूर नहीं था। ट्रेन को करीब तीन किलोमीटर पीछे ले जाया गया। उन्होंने देखा कि सुभाष दर्द से कराह रहे थे, संभवत: उन्हें अंदरूनी चोट आई थी। जंगल में अँधेरा छाने लगा था। जंगली जानवर रात में उन्हें खा सकते थे। क्या उन्हें उनके हाल पर छोड़ दिया जाना चाहिए था? सौभाग्य से 5:45 पर ट्रेन के वहाँ पहुँचने तक ऐसा कुछ नहीं हुआ था। शर्मा ने उन्हें उठाया, अपने कोच में ले गए, प्राथमिक उपचार किया और दर्द दूर करने की दवा दी। बाद में उन्हें जौरा के स्वास्थ्य केंद्र में भरती कराया गया, जहाँ के वे थे। जब वे दर्द से कराह रहे थे, गार्ड शर्मा पूरे रास्ते उनसे बातें करते रहे, तसल्ली देते रहे। जिस इलाके में हादसा हुआ था, वह जंगली जानवरों के लिए जाना जाता है। अपनी नौकरी से आगे जाकर और सरकारी नियमों की लकीर पर न चलकर उनके एक यात्री का जीवन बचाने के दोनों के प्रयास की न सिर्फ सराहना की गई, बल्कि डिविजन के रेलवे ट्रांसपोर्टेशन इंस्पेक्टर, जी.आर. मीणा ने भी जान बचाने के उनके प्रयास की प्रशंसा की।

> फंडा यह है कि अगर आपके पास मदद करने या जीवन बचाने की ताकत, पद और क्षमता है, तो ऐसा करते रहिए, क्योंकि इस दुनिया में जो उपहार आप दे सकते हैं; और कोई नहीं दे सकता।

शुरुआती सफलता या गरीबी को हावी न होने दें

रविवार की दोपहर से लेकर सोमवार की सुबह तक अखबारों में नोएडा की लड़की रक्षा गोपाल के ही बारे में सभी लोग पढ़ रहे थे। सेलफोन डिस्कशन में भी वही छाई थी। मुझे आश्चर्य है कि उसकी चर्चा इसलिए नहीं हो रही थी कि सी.बी.एस.ई. की 12वीं की परीक्षा के रविवार को जारी परिणामों में उसने सर्वाधिक 99.6 प्रतिशत अंक हासिल किए, बल्कि कुछ पैरेंट्स को यह दु:ख था कि वह 100 प्रतिशत अंक हासिल करने से सिर्फ 0.4 प्रतिशत दूर रह गई थी। अगर स्पष्ट रूप से कहूँ तो यह हद हो गई। अंतहीन महत्त्वाकांक्षा रखते वो पैरेंट्स पहले ही 85 प्रतिशत क्लब, 90 प्रतिशत क्लब और 95 प्रतिशत क्लब हाल ही के वर्षों में बना चुके हैं। अब मुझे चिंता है कि कहीं हम बच्चों को 100 प्रतिशत की महत्त्वाकांक्षा की ओर न धकेल दें, जिसमें इस साल के आरंभ में उदयपुर के कल्पित वीरपाल शामिल हो चुके हैं।

डिस्लेक्सिया, ऑटिज्म और अन्य दिव्यांग छात्र, जिन्होंने 90 प्रतिशत के क्लब में जगह बनाई, प्रशंसनीय हैं। लेकिन दो फिजिकली-परफेक्ट छात्रों ने अलग कारणों से मेरा ध्यान खींचा—अर्श ज्ञानी 92.4 प्रतिशत और मनीष राम ने 83.8 फीसदी अंक हासिल किए। एक ने कई फिल्मों में काम किया है, जो आपने और मैंने देखी हैं और दूसरा 5+5 स्क्वेयर फीट की छोटी सी झोंपड़ी में अपने छह भाई-बहनों के साथ रहता है। उसके पिता चर्मकार हैं। इन दो छात्रों ने मुझे एक सबक सिखाया कि पहले मिली सफलताओं से आपको पढ़ाई में अच्छा करना होता है। गरीबी आपको नीचे खींचकर ऐसा कुछ करने के लिए प्रेरित नहीं कर सकती है,

जो स्लम में रहने वाले अधिकतर बच्चों को करती है, इसलिए नहीं कि ये उनकी पसंद होता है, बल्कि इसलिए कि गरीबी उन्हें ऐसा करने के लिए मजबूर करती है। अर्श ने 10 साल की उम्र से ही कई विज्ञापनों में काम किया और कैमरे को लेकर उसमें कोई हिचक नहीं है। 2015 में आई फिल्म 'ब्रदर्स' में उसने अक्षय कुमार के बचपन का किरदार निभाया। उसकी दूसरी फिल्म 'टेनिस बडीज' अगले दो सप्ताह में रिलीज होने वाली है। परीक्षा के दौरान ही उसने दूसरी फिल्म में अभिनय किया और कुछ विज्ञापनों के लिए भी चुना गया। उसने इस स्टारडम को अपने दिमाग में जगह नहीं बनाने दी और पढ़ाई के दौरान क्लास में अपने साथी छात्रों से होड़ में बना रहा। हालाँकि फिल्मी दुनिया में उसकी अपनी पहचान है और उसने सिनेमेटोग्राफी को कॅरियर के रूप में चुना है, लेकिन इससे वह आसमान में उड़ने नहीं लगा है और क्लास और कॉलोनी में बच्चों और छात्रों के साथ वह सामान्य बच्चों की तरह रहता है। उसका फोकस अपने अंकों पर है, जो उसने रविवार को हासिल किए। अर्श के जीवन से उलट दूसरी तरफ मनीष राम है, जिसने अपना पूरा जीवन, कम-से-कम अब तक, स्ट्रीट लाइट के नीचे गुजारा है।

अंग्रेजी बोलने की शानदार क्षमता के साथ (स्लम के बच्चों में यह दुर्लभ होती है) केंद्रीय विद्यालय मुंबई के ह्यूमेनिटीज के इस छात्र ने न सिर्फ क्लास में टॉप किया, बल्कि यू.पी.एस.सी. की परीक्षा क्रैक कर वह किसी सरकारी संस्थान में शीर्ष अधिकारी बनना चाहता है। अपनी झोपड़ी के हालात ने ही उसके दिल में प्रेरणा के बीज बोए। उसकी झोपड़ी मुंबई के कोलाबा में है। यह आर्थिक राजधानी का सबसे समृद्ध इलाका है, जहाँ अमीर और प्रभावशाली लोग रहते हैं। हाल ही में प्रतिबंध लगने से पहले उसने कई लाल और नीली बत्तियों को अपनी झोंपड़ी के सामने निकलते देखा है। और वह हमेशा इनमें से एक बनना चाहता था। साथ ही वह यह भी जानना चाहता था कि इसका रास्ता पढ़ाई से ही होकर गुजरता है।

फंडा यह है कि शुरुआती सफलता के कारण फोकस नहीं खोना चाहिए, इसी तरह गरीबी को अपनी फाइटिंग स्पिरिट में बाधा नहीं बनने देना चाहिए, भले ही प्रतियोगिता कोई भी क्यों न हो।

□

किसी एक क्षेत्र में सौ फीसदी विशेषज्ञ होना क्यों जरूरी है?

उरी हमले के बाद से खबरें हैं कि हमारे सुरक्षा बलों ने नियंत्रण रेखा के उस पार से घुसपैठ के कई प्रयास नाकाम किए हैं। इनमें एक कबूतर भी पकड़ा गया है, जिसके पैरों में यह संदेश बँधा था, 'मोदीजी, हम वैसे नहीं रहे, जैसे 71 में थे—जैश-ए-मोहम्मद।' कोई नहीं जानता कि पक्षी सीमा पार से आया है अथवा नहीं! किसी को यह भी नहीं मालूम कि संदेश को गंभीरता से लेना चाहिए अथवा नहीं, इसलिए पुलिस ने एक पिंजरा मँगवाया और उसे नियमित रूप से दाने चुगा रही है ताकि वे कोई ऐसा महत्त्वपूर्ण सुराग न खो दे, जो वह कबूतर दे अथवा न भी दे, कौन कह सकता है! उम्मीद है कि कोई-न-कोई कीमती तथ्य उससे पता चल ही जाएगा।

संभावना है कि किसी ने सिम कार्ड या अन्य कोई सामग्री कबूतर में छिपा दी हो, इसलिए वे कबूतर की स्कैनिंग का इंतजार कर रहे हैं। सीमा की रक्षा करनेवाला कोई वरदीधारी कबूतर के भविष्य के बारे में कुछ कहने को तैयार नहीं है, क्योंकि सीमा पार संदेश ले जाने की इसकी क्षमता के बारे में कई बातें की जा रही हैं। कुछ का मानना है कि कबूतर को ऐसा प्रशिक्षण देना कठिन है कि वह अपने आप किसी खास जगह पर पहुँच जाए। यह किंवदंतियों और लोककथाओं का हिस्सा अधिक मालूम पड़ता है।

सारे भ्रम के बावजूद कबूतर की चौबीसों घंटे रखवाली की जा रही है, पर कोई एक्सपर्ट सामने आया नहीं है, कम-से-कम यह कॉलम लिखे जाने तक तो

नहीं आया था, जो कबूतर का व्यवहार समझकर सुरक्षा बलों की समस्या हल कर दे। इससे मुझे याद आता है कि राष्ट्रपति भवन में आवारा बिल्लियों की समस्या आने पर ठेठ तमिलनाडु के मदुराई से बिल्लियों के विशेषज्ञ को बुलाया गया था। यह राष्ट्रपति के.आर. नारायण के कार्यकाल की बात है, जब उनके स्टाफ को असामान्य काम सौंपा गया था—राष्ट्रभवन में घूम रही बिल्लियों की अच्छी-खासी तादाद हो हटाना। बिल्लियाँ हर जगह थीं, यहाँ तक कि विशेषज्ञ एन. पन्नीरसेलवम को भी सभी बिल्लियाँ पकड़ने में मुश्किल आ रही थी। इसलिए उन्होंने नायाब आइडिया निकाला और राष्ट्रपति के किचन कुक से कहा कि वे रोज एक जगह ही बिल्लियों को खाना दे। धीरे-धीरे सारी बिल्लियों को खाने की जगह व समय पता चल गया। एक दिन सारी बिल्लियाँ उस कमरे में इकट्ठी होकर भोजन का लुत्फ उठा रही थीं। विशेषज्ञ ने दरवाजा बंद कर उन्हें दवा से बेहोश कर सुरक्षित स्थान पर भेज दिया। यह सरल सा विचार लगता है, लेकिन इसके पीछे प्राणियों के व्यवहार की गहरी समझ काम कर रही है। जितनी विशेषज्ञता होती है, उतने आसान समाधान व्यक्ति सुझाने में सक्षम होता है, यह इस तथ्य से साबित होता है।

इसी तरह की स्थिति में पन्नीरसेलवम को तत्कालीन प्रधानमंत्री अटल बिहारी वाजपेयी के आवास से लॉनू से पाम सिवेट (बिल्ली जैसी प्रजाति) हटाने के लिए बुलाया था। एक अधिकृत भोज में विदेशी हस्तियों के आने से ठीक पहले की बात है। उसके बाद राष्ट्रपति ए.पी.जे. अब्दुल कलाम के समय में उन्होंने राष्ट्रपति भवन में इको पार्क विकसित किया था। वे अपने राज्य के अधिकारियों की भी मदद करते हैं, जब वे मुख्यमंत्री की ओर से कोई आयोजन करते हैं और उसमें उन्हें मानव व प्राणियों के बीच कोई संघर्ष की समस्या आती है, जैसे कोई हाथी ही बिना आमंत्रण भोजन पर सूँड़ मारने आ जाए।

अब प्राणियों के व्यवहार का अध्ययन हर कोई नहीं कर सकता और जानवरों के प्रति सदाशयता के इस युग में उनसे दिक्कत होने पर न तो उन्हें खत्म करना संभव है और मानवीयता के नाते ऐसा करने की अनुमति भी नहीं दी जानी चाहिए। ऐसे में यदि विशेषज्ञ की सेवाएँ उपलब्ध हों तो बगैर कोई अपराधबोध निर्मित किए उपद्रवी प्राणियों से निजात मिल सकती है। भारत के धार्मिक शहरों में प्राय: ख्यात मंदिरों के आसपास बंदरों के उपद्रव की बड़ी समस्या रहती है, जो तीर्थयात्रियों की

परेशानी का कारण बनते हैं। पर्यटन विभाग को पहल करके विशेषज्ञों की मदद से इनका कोई आसान हल निकालने की पहल करनी चाहिए।

> *फंडा यह है कि यदि आप अपने क्षेत्र में शत-प्रतिशत परफेक्ट हैं तो लोग आपको ढूँढ़ते फिरेंगे। आपको यात्रा करने और नए लोगों से मिलने तथा चुनौतियों से दो-चार होने का मौका मिलेगा।*

आपके जीवन को मजबूती देता है सशक्त उद्देश्य

वे हरियाणवी थे। अच्छा भोजन और अच्छी जिंदगी उनका मंत्र था। नई दिल्ली के दरियागंज स्थित अपने घर के नीचे उनकी 60 साल पुरानी आनंद डेयरी थी। उनकी दीनचर्या में सुबह चार बजे से काफी पहले उठना और यह सुनिश्चित करना होता है कि उनके ग्राहकों को अच्छी गुणवत्ता का दूध जितनी जल्दी हो सके मिले, ताकि उनके दिन की अच्छी शुरुआत हो सके। दूध की गुणवत्ता के साथ उनकी मीठी जबान का कमाल था कि कुछ ही वर्षों में उनका बिजनेस बहुत बढ़ गया और वे सिविल लाइंस के पॉश रिहायशी इलाके में रहने आ गए। उनके भूतकाल से अपरिचित लोगों को यह बात हजम ही नहीं होती कि सिविल लाइंस में रहनेवाला व्यक्ति डेयरी चलाता है। वे उनसे पूछते कि जब उनके पास इतना पैसा है तो वे दूध का धंधा क्यों करते हैं?

उनके पास हमेशा एक ही सरल उत्तर होता : यह व्यवसाय मुझे सुबह तड़के से देर शाम तक दौड़ाता रहता है और मुझे जल्दी सोने, जल्दी जागने और अच्छा खाने की स्वच्छ जीवनशैली अपनाने में मदद करता है, मैं अगले दिन का इंतजार करता हूँ, क्योंकि मेरे ग्राहक मेरा इंतजार करते हैं ताकि सुबह की चाय के कप के साथ उनके दिन की शुरुआत हो सके। 'सांप्रदायिक रूप से संवेदनशील क्षेत्र में रहने के बावजूद चंदन सिंह दरियादिली के लिए प्रसिद्ध थे। वे 'दूध पियो जी, सेहत-वेहत बनाओ' इस डायलॉग के साथ कई लोगों को दूध पिलाया करते थे। क्षेत्र में उनका बहुत सम्मान था और आनंद डेयरी लैंडमार्क। जब दूध प्लास्टिक के पाउच में बँटने लगा तो उनके ग्राहकों की संख्या कम हो गई और उनका बेटा न्यूजप्रिंट के व्यवसाय में चला

गया। लेकिन दूध की गुणवत्ता की कसमें खाते रहते थे। चूँकि वे साल के 365 दिन, चौबीसों घंटे दुकान पर होते, ग्राहकों से उनकी मुलाकात जरूर होती। मोवेटर होने के कारण कई घरों में उनकी सोशल सर्विस चलती, जिससे वे बहुत लोकप्रिय हो गए थे। चूँकि बेटे ने अलग राह पकड़ ली थी और वह अलग रहने लगा था तो 20 साल पहले पत्नी की मौत को वे सह नहीं सके। तब तक वे भी 76 वर्ष के हो चुके थे।

अकेलापन धीरे-धीरे उनकी सेहत पर भारी पड़ने लगा और डॉक्टरों ने उन्हें किसी तरह का दुस्साहस दिखाने से मना किया था। किंतु चंदन सिंह को साफ पता था कि उनकी दवाई तो उनके उद्देश्य में छिपी है। यदि उन्होंने डेयरी जाना बंद कर दिया तो वे ढह जाएँगे। लेकिन डॉक्टर उन पर हावी हो गए और उनके पास कोई चारा नहीं रहा। फिर भी उन्होंने डॉक्टरों की सलाह और अपनी इच्छा में संतुलन कायम करने का जरिया खोज ही लिया। वे ज्यादा आराम करते, थोड़ी देर से बिस्तर से उठते और करीब 10 बजे तक डेयरी पर पहुँचते। फिर शाम तक वहीं रहते। वे अब दूध की बजाय घी बेचने लगे, जिसमें मुनाफा नहीं था। वे रोज दोनों तरफ की दूरी मिलाकर 16 किलोमीटर ऑटोरिक्शा में यात्रा करते और यह सुनिश्चित करते कि उनकी जिंदगी में उद्देश्य बना रहे। व्यस्त रहने का उद्देश्य बेकार न रहने का उद्देश्य, उत्पादक बने रहने का उद्देश्य। इसी उद्देश्य ने उन्हें दो दशकों तक जीवित रखा।

इस साल 10 अक्तूबर को सुबह 10:30 बजे ऑटोरिक्शा उनका इंतजार कर रहा था। उन्होंने रिक्शाचालक से थोड़ा ठहरने को कहा, क्योंकि उन्हें कुछ बेचैनी महसूस हो रही थी। 11 बजे उन्होंने 96 साल की उम्र में अंतिम साँस ली, जबकि मेडिकल हेल्प समय पर मिल गई थी।

> फंडा यह है कि यदि जिंदगी में आपके पास कोई शक्तिशाली उद्देश्य है और हर दिन उसी से संचालित होता है, तो आप दीर्घायु व स्वस्थ रहते हैं।

बेबाक व निर्भीक रवैए और ईमानदारी के अपने फायदे हैं

पहली कहानी : लखनऊ के लिए कालिदास मार्ग का वही महत्त्व है, जो नई दिल्ली के लिए पार्लियामेंट स्ट्रीट का है, क्योंकि उत्तर प्रदेश के सबसे प्रभावशाली व्यक्ति वहाँ रहते हैं— मुख्यमंत्री अखिलेश यादव। उस 'प्रभावशाली' गली के दूर के छोर पर खड़े मणिराम आसमान की ओर देखते हुए विचारों में गहरे खो गए थे। उनका एक हाथ साइकिल रिक्शा की सीट पर था और दूसरे से वे बीड़ी का कश लगा रहे थे। उनकी चिंता साइकिल रिक्शा को लेकर थी, जो उनके परिवार को दशकों से पाल रहा था। रिक्शा बहुत पुराना हो गया था और इसके कई पुरजे निकलते जा रहे थे। उन्हें चिंता थी कि भविष्य में रिक्शा लोड ले पाएगा या नहीं?

अचानक उन्हें आवाज सुनाई दी, 'रिक्शावाले!' आवाज उन्हें गहरे विचारों से बाहर ले आई। वे उस अच्छे वस्त्रों में सुसज्जित व्यक्ति को नहीं जानते थे। किंतु उन्हें वह व्यक्ति ऐसी सवारी नहीं लगा, जो साइकिल रिक्शा में बैठना पसंद करेगा। वे थे विजय शंकर शर्मा, भारत के सबसे बड़े मोबाइल कॉमर्स प्लेटफॉर्म के सी.ई.ओ.। उन्हें कुछ घंटे पहले ही 'यश भारती अवॉर्ड' से सम्मानित किया गया था। वे उत्तर प्रदेश के मुख्यमंत्री से मिलने 5, कालिदास मार्ग जा रहे थे, जो मुख्यमंत्री का आधिकारिक आवास है। विजय की कार भारी ट्रैफिक जाम में फँस गई थी और मुख्यमंत्री से मिलने के लिए समय पर पहुँचने का एक ही तरीका था कि वे मणिराम की रिक्शा पर सवार हो जाएँ।

मुख्यमंत्री के बँगले पर पहुँचने के बाद मणिराम एक सेकंड के लिए भी नहीं हिचकिचाए और जल्दी से यात्री को पोर्च में ले गए, जो मुख्यमंत्री की कार के लिए निर्दिष्ट स्थान था। उनका आत्मविश्वास देखते हुए सुरक्षाकर्मियों ने पूछताछ शुरू की, मुख्यमंत्री वहाँ आ गए और इशारे में उन्हें जाने को कह दिया। उन्होंने खुद

मणिराम से पूछताछ की, लेकिन उनकी आमदनी, परिवार व बच्चों के बारे में और उनका पता भी पूछा। दो घंटे बाद मणिराम अपनी रिक्शा पर लौट रहे थे, लेकिन मणिराम अलग ही थे, जिन्हें जीवनपर्यंत समाजवादी पेंशन मिलनी थी और लखनऊ में रहने के लिए क्वार्टर। दीपावली से तीन दिन पहले मणिराम और उनके परिवार के लिए जश्न शुरू हो गया था। यह उनके निर्भीक रवैए का नतीजा था कि वे बिना डरे अपनी रिक्शा सीधे मुख्यमंत्री के कार पार्किंग एरिया में ले गए।

दूसरी कहानी : हरियाणा के जींद जिले के धाकल गाँव की सोनाली शेओकंद सिर्फ 10वीं की छात्रा है। लेकिन उसे मालूम था कि राष्ट्रीय हरित न्यायाधिकरण, नई दिल्ली ने प्रदेश प्रदूषण नियंत्रण मंडल और राज्य सरकार को निर्देश दिए हैं कि वे जिलास्तरीय समितियाँ गठित कर फसल काटने के बाद बचा हिस्सा जलाने पर निगरानी रखें और ऐसा होने से रोकें। यह राज्य भर में चलाए जा रहे जनजागरण अभियान और कानून लागू करने के कदमों से उसे यह मालूम पड़ा था। यही वजह थी कि 24 अक्तूबर को जब उसके पिता अपनी दो एकड़ जमीन पर फसल काटने के बाद ठूँठ जलाने ही जा रहे थे कि उसने उन्हें इसके हवा की गुणवत्ता पर पड़ने वाले दुष्प्रभावों से अवगत कराया। उन्होंने इसे स्कूली लड़की का 'फालतू ज्ञान' समझकर नजरअंदाज कर दिया और ठूँठ जलाने में लग गए। सोनाली ने पिता को सबक सिखाने के लिए कृषि विभाग के अधिकारी ईश्वर राम को सूचना दे दी, जिन्होंने तत्काल वहाँ छापा मारकर उसके पिता पर 2,500 रुपए का जुरमाना ठोंक दिया। पिछले गुरुवार को हरियाणा प्रदेश प्रदूषण नियंत्रण मंडल ने राज्य में फसल जलाने से होने वाला प्रदूषण रोकने के लिए दिखाई उसकी ईमानदारी व निर्भीकता को 11 हजार के नकद पुरस्कार और प्रशस्ति-पत्र से सम्मानित करने का फैसला किया।

मंडल का मानना है कि इस तरह सोनाली के काम को मान्यता देने से अन्य बच्चों, युवाओं और किसानों को फसल के मौजूदा मौसम में घास-फूस जलाने के खिलाफ कदम उठाने की प्रेरणा मिलेगी। मंडल अधिकारियों को उम्मीद है कि इससे बच्चों को बढ़ावा मिलेगा कि वे राज्य और राष्ट्रीय राजधानी क्षेत्र में वायु प्रदूषण घटाने का संकल्प लें।

फंडा यह है कि बेबाक व निर्भीक रवैए और ईमानदारी के अपने फायदे हैं।

□

मानवीयता आपको सफल बनाती है

पहली कहानी : वे एक छोटे कस्बे के सिविक स्कूल में पढ़ती थीं। छोटी सी उम्र में जब उनकी अधिकतर सहेलियाँ गुड़ियों से खेलतीं, तब वे एरोप्लेन से खेलने लगी थीं। धीरे-धीरे प्लेन उनका पैशन बन गया। फिर पास के शहर में जाकर उन्होंने हममें से ही कई लोगों की तरह इंजीनियरिंग की पढ़ाई की। फिर बेहतर संभावनाओं के लिए अमेरिका चली गईं। लेकिन उन्होंने कभी अपने मितव्ययिता वाले दिनों को भुलाया नहीं। जब उनके जूते टूट गए तो नए खरीदने के स्थान पर अनजान अमेरिकी भूमि पर उन्होंने जूते ठीक करनेवाले को तलाशा और 10 डॉलर देकर ठीक कराया। जबकि कोई भी इसी कीमत में नए जोड़ी जूते खरीद सकता है। उनका मानना था कि इन पैसों से जूते ठीक करनेवाले के परिवार को अच्छा भोजन मिल सकता है। दूसरा और सबसे बड़ा कारण यह था कि उनके एक जोड़ी नए जूते के चमड़े के लिए किसी जानवर की जान जाती! इसलिए उन्होंने खुद को एक जोड़ी जूते तक सीमित कर रखा था। उन्होंने कई छात्रों को अपने खर्च पर एरोनॉटिकल इंजीनियरिंग सीखने के लिए नासा बुलाने में मदद की। यही उनका ऑफिस भी था। उन्होंने अपने पूरे जीवन के लिए बहुत थोड़ी जरूरत भर की बचत ही की। हम बात कर रहे हैं, करनाल (हरियाणा) में जनमी भारतीय एस्ट्रोनॉट कल्पना चावला की, जिनकी 1 फरवरी, 2003 को स्पेस शटल कोलंबिया के हादसे में मौत हो गई थी। यह हादसा टेक्सास के आकाश से धरती के वायुमंडल में प्रवेश के समय हुआ था। तब कल्पना कुछ ही मिनटों में अपने 28वें स्पेस मिशन को पूरा करने वाली थी।

दूसरी कहानी : पिछले साल मैं पुणे के एम.जी. रोड के नजदीक एस.जी.एस. मॉल में अपने दोस्त के साथ जूते खरीदने गया था। मैं अकेला खरीदार था और तीन सेल्सपर्सन मौजूद थे। एक चौंकाने वाला खरीदार वहाँ पहुँचा और सारी नजरें उन

पर जा टिकीं। उन्होंने पहले कहा कि अपने दोस्त से मिलने अमेरिका जा रहे हैं और कोई अच्छे जूते नहीं हैं। सभी लोग मुझे दरकिनार कर उन्हें अटैंड करने लगे और मैं उनकी इस बेरुखी का आनंद लेने लगा। खरीदार की नजर एक जोड़ी अच्छे जूते पर जा टिकी और उन्होंने उसकी कीमत पूछी, जो करीब 8000 रुपए थी। खरीदार ने आश्चर्यजनक जवाब दिया कि उसे इतने महँगे जूते नहीं चाहिए। साथ में उनकी बहू भी थी। उन्होंने पूछा, 'पापा, क्या आपको पता है कि आपके बेटे किस कीमत के जूते पहनते हैं?' खरीददार ने कहा, 'वे पहन सकते हैं, क्योंकि उनके पिता अमीर आदमी हैं। मैं नहीं खरीद सकता, क्योंकि मेरे पिता इसे अफोर्ड नहीं कर सकते।' फिर उन्होंने कम कीमत के जूते खरीदे और चले गए। यह खरीदार कोई और नहीं, इंडस्ट्रियलिस्ट राहुल बजाज थे। उन्होंने अनजाने में ही मेहनत से कमाए पैसों की कीमत समझा दी।

तीसरी कहानी : हर साल ऑस्ट्रेलिया ओपन में एक बुजुर्ग दंपती प्लेयर्स बॉक्स में मौजूद होता है—बॉब और डायना कार्टर। वे ऑस्ट्रेलिया के इंटरनेशनल कोच पीटर कार्टर के पेरेंट्स हैं। रविवार को संपन्न हुए टूर्नामेंट में वे 2017 का टाइटल रोजर फेडरर को जीतते हुए देख रहे थे और उसका उत्साह बढ़ा रहे थे। 26 साल पहले पीटर कार्टर ने युवा फेडरर के जीनियस को पहचान लिया था। तब ही ठान लिया था कि उसे सार्वकालिक श्रेष्ठ खिलाड़ी बनाना है। वे फेडरर के पहले कोच नहीं थे, लेकिन वह व्यक्ति थे, जिसने उन्हें स्विट्जरलैंड के बेसल के अंधकार से निकाला और अंतरराष्ट्रीय स्तर की श्रेष्ठता के दरवाजे तक पहुँचाया। लेकिन 2002 में एक दुःखद कार दुर्घटना में 37 साल के कार्टर की मौत हो गई। वे अपनी पत्नी के साथ छुट्टियों पर जा रहे थे। इस घटना ने उन्हें तोड़ दिया था। तब से फेडरर पीटर के पेरेंट्स के भ्रमण के सारे खर्च उठाते हैं। इसमें एयरलाइन से यात्रा के प्रथम श्रेणी के टिकट तो होते ही हैं, वे उसी होटल में रुकते हैं, जिसमें फेडरर ठहरते हैं। यह कपल फेडरर को ऐसे सपोर्ट करता है, जैसे वह उनका बेटा हो। वे उसमें अपने बेटे पीटर को देखते हैं। फेडरर अपने जीवन और कॅरियर में कार्टर परिवार के योगदान को कभी नहीं भूलते।

फंडा यह है कि अगर आप बड़ा बनना चाहते हैं तो दिल बड़ा करना होगा और मितव्ययी बनना होगा।

□

क्यों अब अच्छा व्यवहार और महत्त्वपूर्ण हो गया है?

उदाहरण एक : गुरुवार को सुबह मैं 'दैनिक भास्कर ग्रुप' के चेयरमैन रमेशचंद्र अग्रवाल के अंतिम संस्कार में शामिल होने के लिए भोपाल जाने के रास्ते में था। बुधवार को उनका हार्ट अटैक के बाद निधन हो गया। हालाँकि कॉफी पीने की मेरी जरा भी इच्छा नहीं थी, लेकिन सेलिब्रिटी शेफ संजीव कपूर और उनकी पत्नी अलियोना के आग्रह पर मैं जेट एयरवेज के लाउंज में कॉफी पीने बैठ गया। उनसे मैं इत्तेफाक से एयरपोर्ट पर मिला था। लाउंज में मैंने एक सर्विंग कर्मचारी के चेहरे पर दर्द के भाव देखे। ध्यान से देखने पर पता चला कि पल्लवी नाम की इस कर्मचारी के दाएँ पैर में चोट लगी थी, लेकिन फिर भी वह सुबह की फ्लाइट के रश को सँभालने के लिए तेजी से दौड़-भाग कर रही थी। उसके सहकर्मी उसकी ज्यादा-से-ज्यादा मदद कर रहे थे, ताकि उसे कम-से-कम कदम उठाने पड़ें और उसके पहले से जख्मी पैर को और नुकसान न हो। अचानक मेरे पास बैठे संजीव ने देखा कि एक यात्री उस घटना को अपने मोबाइल पर रिकॉर्ड कर रहा है। उन्होंने मुझे इस ओर ध्यान दिलाते हुए कहा कि आजकल कुछ पता नहीं चलता कि कौन कब क्या रिकॉर्ड कर रहा है? सभी के पास हाई क्वालिटी का कैमरा होता है। सार्वजनिक स्थानों पर तो आप स्थायी रूप से स्कैनर की निगरानी में होते हैं।

मैं खुद को रोक नहीं सका और बाहर जाते समय मैंने उससे पूछ ही लिया कि क्यों इस छोटी सी घटना को रिकॉर्ड कर रहा था? उसने मुझे चकित कर दिया और कहा—'क्या आपको लगता है कि यह छोटा प्रयास है, बिल्कुल नहीं। आज हम उन लोगों को खो चुके हैं, जो दूसरों के चेहरों पर दर्द देखकर उनकी मदद करते हैं। यहाँ तक कि माँगने पर भी लोग मदद के लिए मुश्किल से ही सामने आते हैं। और यहाँ एक उदाहरण है कि युवाओं का एक समूह अपने सहकर्मी के चेहरे पर दर्द देखकर

उसकी मदद कर रहा है। मैं इसे रिकॉर्ड करना चाहता था, ताकि अपने स्टाफ के सदस्यों को दिखा सकूँ कि उन्हें इस तरह का शिष्टाचार अपने सहकर्मियों के साथ नहीं तो कम-से-कम गेस्ट के साथ तो दिखाना ही चाहिए। मैं हॉस्पिटेलिटी यूनिट चलाता हूँ, इसलिए इस तरह का व्यावहारिक उदाहरण अपने स्टाफ के उन सदस्यों को प्रशिक्षित करने में मेरे काफी काम आ सकता है, जिनमें संवेदनशीलता का अभाव है। 'हालाँकि किसी को निजी रूप से रिकॉर्ड करना अनैतिक हो सकता है, लेकिन मैं उन्हें यह कहने की हिम्मत नहीं कर सका, क्योंकि मुझे उनकी सोच उचित लगी।

उदाहरण दो : एक दिन पहले ही मुझे व्हाट्सएप पर वीडियो शेयर मिला है, जिसमें भारतीय रेलवे ट्रैफिक सर्विसेस की युवा और प्रतिभाशाली ऑफिसर स्वाति सिन्हा रेलवे क्लेम एडवोकेट पैनल की एक वकील दलीलाह फर्नांडिस को मुंबई के सी.एस.टी. स्टेशन पर सोमवार को पीटती नजर आ रही हैं। इन दोनों महिलाओं की लड़ाई को वहाँ से गुजर रहे एक प्रत्यक्षदर्शी शख्स ने अपने फोन में रिकॉर्ड कर लिया और इसके आधार पर स्वाति के खिलाफ एक गैर-संज्ञेय अपराध दर्ज कर लिया गया। हालाँकि यह नहीं पता चला कि इस उत्तेजना का कारण क्या था? बार काउंसिल ने चेतावनी दी कि अगर इस मामले की जाँच नहीं हुई तो गंभीर कदम उठाए जाएँगे।

इन दो घटनाओं ने मुझे याद दिलाया कि रमेश अग्रवालजी ने एक बार मेरे स्टाफ से भोपाल के संबोधन में क्या कहा था? उन्होंने कहा था, 'आप सभी भास्कर ब्रेंड का प्रतिनिधित्व करते हैं और समाज में आपके व्यवहार में इस ब्रेंड के मूल्य नजर आने चाहिए। आपका अच्छा और बुरा व्यवहार ऐसे देखा जाएगा कि देखो, भास्कर के लोग कैसा व्यवहार करते हैं! और वे शायद ही कभी आपका नाम लेंगे, खासकर तब जब आप समाज में बुरा व्यवहार करेंगे। इसलिए मेरा आप सभी से अनुरोध है कि इस ब्रेंड को आगे बढ़ाएँ, यहाँ तक मैं उसे ले आया हूँ।' उनकी बात कितनी तर्कसंगत थी! दुनिया के पास अब ऐसे संसाधन हैं कि हमारे हर पल को रिकॉर्ड किया जा सकता है, जो हमें और जिस ब्रेंड से हम जुड़े हैं, उसे किसी भी दिशा में ले जा सकता है—ऊँचाई पर या नीचे।

फंडा यह है कि मोबाइल फोन के इस दौर में सार्वजनिक स्थानों पर अच्छा व्यवहार करना और महत्त्वपूर्ण हो गया है।

□

अच्छे व्यवहार से पर्यावरण संरक्षण तक सबकुछ आप से ही शुरू होता है

पहली कहानी : इस रविवार सुबह मैं भोपाल के जेहनुमा पैलेस होटल से चेकआउट करते समय वाकई बहुत जल्दी में था। मैं तड़के दो बजे होटल में आया था और ठीक 7:15 बजे छोड़कर जा रहा था, ताकि मैं अपने अगले आयोजन में समय पर पहुँच जाऊँ, जो इंदौर में 9:30 बजे था। मुझे सहयोगी ने जल्दी से नाश्ता करने की सलाह दी, क्योंकि पूरा रविवार ही कार्यक्रमों से भरा था और हमारा भोजन कब होगा, कुछ कहा नहीं जा सकता था।

जिस तरह से हम दोनों जेहनुमा के फर्स्ट फ्लोर पर स्थित रेस्तराँ में नाश्ता कर रहे थे, उसे देखकर कोई भी ऐसा व्यक्ति, जिसे हमारी व्यस्तता का पता न हो, यही सोचेगा कि हम फाइव स्टार कल्चर के योग्य नहीं हैं। न सिर्फ हम नाश्ता कर रहे थे, बल्कि रास्ते के लिए कुछ फल व मफीन भी रखते जा रहे थे। सच तो यह है कि जब मैंने संतरे व केले ले जाने के लिए कैरी बैग माँगा तो वहाँ का स्टाफ कुछ असहज नजर आया। किंतु, उन्होंने पूरे समय शांति बनाए रखी। उन कुछ मिनटों में खाने के साथ हमारी चर्चा भी चल रही थी कि स्टाफ का एक सदस्य धैर्यपूर्वक इंतजार कर रहा था कि मैं अपनी बात पूरी करके उसकी ओर ध्यान दूँ। जैसे ही मैं उसकी तरफ मुड़ा, उसने माफी माँगते हुए मेरा रूम नंबर पूछा, क्योंकि वह जानता था कि मेरे जैसे जल्दी में होने वाले लोग इस जैसे मामूली सवाल पर भी हंगामा मचा देते हैं। वे इतने सक्षम होते हैं कि यह भी कह सकते हैं कि 'क्या मुफ्तखोर हूँ? मैं तुम्हारा होटल खरीद सकता हूँ, मेरा रूम नंबर पूछने की तुम्हारी हिम्मत कैसे हुई?' ऐसे कंमेट्स आम होते हैं। होटल में सेवाएँ देने वाले स्टाफ के किसी

भी सदस्य से पूछिए, वे आपको इससे खराब कमेंट सुना देंगे। मैंने अपना रूम नंबर बताया और कहा कि आपको पूछने का पूरा अधिकार है, क्योंकि मैं आपके रेस्तराँ में आया हूँ। उसने कहा, 'मेरी स्थिति समझने और सौम्यता दिखाने के लिए धन्यवाद सर' और चला गया। वह उसके सर्विस स्टैंडर्ड के लिए बदलाव का क्षण था। अगले तीन मिनटों तक जब तक मैं वहाँ था, उसने मुझे महाराजा होने का अहसास करा दिया और मुझे हर वह चीज दी, जो मेरी सड़क यात्रा के लिए जरूरी थी। यह वही व्यक्ति था, जिसने मेरे द्वारा संतरा उठाने पर बहुत ही तिरस्कारपूर्वक मुझे देखा था।

दूसरी कहानी : शनिवार रात को मैं भोपाल से सौ किलोमीटर से कुछ अधिक दूरी पर स्थित बरेली में था, जो नर्मदा नदी के वरदहस्त के अलावा अपने समृद्ध प्राकृतिक संसाधनों के लिए जाना जाता है। जाहिर था कि नर्मदा माँ ने हर किसी को भौतिक समृद्धि दी है। उस छोटे से शहर के ज्यादातर लोगों ने भोपाल में बड़े-बड़े फ्लैट खरीद रखे हैं, ताकि बच्चों को उच्च शिक्षा के लिए वहाँ भेजा जा सके। अभी वे बच्चे वहीं स्कूल में पढ़ रहे हैं, जिससे स्थानीय लोगों के कैश फ्लो का पता चलता है। बाहरी व्यक्ति के रूप में मुझे लगा कि इस छोटे से शहर में ऐसे लोग ज्यादा हैं, जिन्हें प्रकृति के प्रति सम्मान नहीं है और इस ग्रीन बेल्ट में सब जगह फैला कचरा मेरी इस धारणा की पुष्टि करता था।

यह व्यवहार मुझे सीधे न्यूजीलैंड सरकार के फैसले की ओर ले गया, जिसने पिछले माह अपनी 'ते आवा तुपुआ' नदी को किसी मानव की तरह पूरे अधिकार दिए हैं। एक हफ्ते बाद हमारी गंगा और यमुना नदियों को भी वहाँ दर्जा मिल गया। महत्त्वपूर्ण फर्क यह था कि न्यूजीलैंड में यह निर्णय जन-प्रतिनिधियों ने लिया था, जबकि हमारे यहाँ यह फैसला उत्तराखंड हाईकोर्ट ने लिया। ध्यान रहे कि कोर्ट को हमें यह इसलिए याद दिलाना पड़ा, क्योंकि हम लोग इसे भूल गए हैं।

> फंडा यह है कि अच्छे व्यक्तिगत व्यवहार से लेकर सामूहिक समाजगत व्यवहार तक सबकुछ हम से ही शुरू होता है। पहला कदम हममें से प्रत्येक को ही उठाना होता है।

☐

माफ कीजिए और देखिए, दुनिया कितनी सुंदर बन जाती है!

बुधवार को सुबह एक खबर पढ़कर मुझे ऐसी ही पुरानी घटना याद आ आई।

पुरानी घटना : कई लोगों की तरह आज भी मेरी एक आदत है कि दिनभर में जितने भी सिक्के पैंट या शर्ट की जेबों में इकट्ठे होते हैं, घर जाने से पहले मैं कार की एश ट्रे में डाल देता हूँ। मैं कभी भी इनका हिसाब नहीं रखता और न ही इन्हें गिनता हूँ। हमारी कॉलोनी में कार साफ करनेवाला एक लड़का था, जिसे परंपरागत मुंबईकर की तरह सभी 'छोटू' कहकर पुकारते थे। वह कार की चाबियाँ लेकर कार अंदर से भी साफ कर देता था। मुझे वह लड़का पसंद था, क्योंकि अधिकतर वह आता और मुझे बताता कि कार में कौन-सा स्क्रू ढीला है या कौन-सा पार्ट टूट या घिस गया है। हालाँकि ये कोई मेकैनिकल जानकारियाँ नहीं होती। छोटी-छोटी बातें जैसे व्हील कैप का स्क्रू, फॉग लैंप फ्यूज या वाइपर की ब्लेड टूट गई, जैसी ये बातें होतीं। कई बार वह मुझे बताता कि मैंने खुद ही इसे ठीक कर दिया और फिर वह मुझसे बख्शीश की उम्मीद करता, जिसे मैं सहर्ष ही दे देता, क्योंकि एश-ट्रे में सिक्के तो रखे ही होते थे। यह लंबे समय तक चलता रहा, फिर एक दिन एक सोसाइटी मेंबर मेरे पास आए और कहा कि कैसे कई कार धोनेवाला यह लड़का कारों से सिक्के और कीमती चीजें चुरा रहा है, लेकिन मालिक शायद ही कभी नोटिस करते हैं। उन्होंने उसके खिलाफ मजबूत केस बनाया और उसे बाहर कर दिया गया।

दो महीने में ही एक नए छोटू ने उसकी जगह ले ली और सबकुछ पहले की तरह ही होने लगा, सिवाय इसके कि अब पहले की तरह छोटी-छोटी एडवाइस मिलनी बंद हो गई। एक दिन पुराना छोटू मुझे सड़क पर मिला और उसने ईमानदारी

से जाहिर किया कि उसे अपने बरताव पर बुरा लग रहा है। उसने स्वीकार किया कि उसने हर कार से कुछ सिक्के लिये हैं, लेकिन मुझसे अनुरोध भी कि उसे किसी जगह लगा दूँ। मैं उस दिन मेकैनिक के पास जा रहा था, इसलिए उसे अपने साथ चलने को कहा और मेकैनिक से मिलवाया। इस वादे के साथ कि इसे दो महीने तक आजमाओ। इन दो महीनों के लिए 4000 रुपए महीना स्टाइपेंड (वेतन) मैं दूँगा। मुझे उसकी मेकैनिकल समझ याद थी। छोटू की पहले महीने की रिपोर्ट उत्साहजनक थी। दस दिन बाद मैंने छोटू के लिए पहले महीने का स्टाइपेंड अदा किया था। एक दिन मेरे मेकैनिक ने मुझे बुलाया और धन्यवाद दिया कि ऐसा ब्राइट स्टूडेंट दिया, जो आई.टी.आई. से भी बेहतर तरीके से काम को समझ रहा है, इसलिए मुझे इसके बाद कुछ भी देने की जरूरत नहीं है। 11 साल बाद उस छोटू का अपना गैरेज है। उसके खुशहाल परिवार में एक बेटा है और वह मुझे अभी भी मोबाइल ग्रीटिंग भेजता है और जब भी मैं अपनी कार छोटू के पास सर्विसिंग के लिए भेजता हूँ तो अपना सामान उसमें से नहीं निकालता हूँ और उसमें से कोई सामान कम नहीं होता।

अब समाचार : महाराष्ट्र के सासवड में एक फैक्टरी से बैटरियाँ चुराने के मामले में 2015 में एक 17 साल के लड़के को पकड़ा था, उसे जमानत पर रिहा कर दिया गया। फिर एक बार जब टाटा इंस्टीट्यूट ऑफ सोशल साइंस, मुंबई के जुवेनाइल जस्टिस सेल के वॉलंटियर्स से काउंसिलिंग शुरू हुई तो उसका ध्यान पूरी तरह से अच्छे नंबर लाने और रक्षा बल में शामिल होने के लिए फिट बनने पर हो गया। टी.आई. एस.एस. के वॉलंटियर्स ने बहुत प्रयास और जोर डालकर उसके खिलाफ दायर केस रद्द करवाया और उसकी मदद भारतीय सेना के लिए आवेदन करने में की। इसमें वह मेडिकल टेस्ट में फेल हो गया। इसके बाद परिवार और टी.आई.एस.एस. के कई सहयोगियों से उसने कड़ी ट्रेनिंग ली और आखिर में इस साल के आरंभ में उसने परीक्षा पास की और महाराष्ट्र की ही दौड़ पुलिस फोर्स में चुना गया।

> *फंडा यह है कि अपना दिल इतना बड़ा होना चाहिए कि जीवन की शुरुआती गलतियों के बाद, जो सुधार करना चाहते हैं, उन्हें माफ कर सकें। फिर देखिए, वे लोग हमारी दुनिया को कितना शांतिपूर्ण और सुंदर बना देते हैं!*

'लिबर्टी' और 'फ्रीडम' दो एकदम अलग बातें हैं

गुरुवार को मैं इस अखबार के एक आयोजन के लिए दोपहर की फ्लाइट से नागपुर जा रहा था। इस यात्रा ने मुझे अच्छी तरह यह याद दिला दिया कि मैं महाराष्ट्र के बहुत प्रभावशाली शहर में जा रहा हूँ। हाँ, प्रभावशाली, क्योंकि इसी शहर ने राज्य को मौजूदा मुख्यमंत्री दिया है। चूँकि मैं या तो 'दूधवाला' (अलस्सबाह) या 'बूथवाला' (देर रात) की फ्लाइट में यात्रा करता हूँ, तो मुझे ज्यादातर यात्री नींद पूरी करने के लिए बेताब दिखते हैं। लोग ज्यादा बातें नहीं करते। किंतु दोपहर की उड़ान की बात अलग थी। लोग बहुत मुखर थे और लोग सत्ता के गलियारों से अपने संबंधों की शेखी बघार रहे थे—मेरा मतलब है कि सीधे मुख्यमंत्री से नाता जोड़ रहे थे।

उस फ्लाइट में सवार ज्यादातर लोग मुख्यमंत्री के बचपन या युवावस्था से संबंध बता रहे थे। वे उन दिनों की उनसे जुड़ी घटनाओं और उनके साथ बिताए समय को याद कर रहे थे। वे यह सब ऊँची आवाज में बता रहे थे, ताकि मेरे जैसे लोग सुन सकें। फिर जी.एस.टी. का मुद्दा उठा, जिसे शुक्रवार मध्यरात्रि से लागू किया गया। ज्यादातर लोग इसका विरोध कर रहे थे। इसे अमल में लाने के लिए नहीं, बल्कि इसलिए क्योंकि वह उनके लिए किसी लिहाज से असुविधाजनक है, जिससे वे अब तक वाकिफ नहीं थे। जाहिर है, ऊँची आवाज में बात करने वाले यही दावा कर रहे थे कि उन्होंने तो अपने सुझाव सीधे मुख्यमंत्री को दे दिए थे।

इस बीच टेकऑफ हो गया। हवाई जहाज में जेट स्ट्रिमिंग सुविधा होने का मतलब था—विमान के हवा में आने और सीट बेल्ट लगाने का संकेत चले जाने के बाद आप अपने हैंडसेट को वाई.फाई. कनेक्शन से जोड़कर अपनी पसंद की कोई

भी फिल्म और कार्यक्रम देख सकते हैं। जैसे ही यह सुविधा शुरू हुई और घोषणा हो गई, कई मोबाइल पसंद के कार्यक्रमों के साथ ऑन हो गए और कई मोबाइल फोन से निकली आवाजें टकराने लगीं। कुछ लोग एक ही कॉमेडी शो मिलकर देख रहे थे और जोर-जोर से हँसकर अन्य यात्रियों को डिस्टर्ब कर रहे थे, जो सोना या पढ़ना चाहते थे।

एक यात्री ने चालक दल के सदस्य से शिकायत की और फिर व्यक्तिगत हैडफोन इस्तेमाल करने का अनाउंसमेंट कई बार दोहराया गया, ताकि अन्य यात्री डिस्टर्ब न हों, लेकिन उन लोगों ने इस उद्घोषणा की अनदेखी कर दी, जिनके तार 'सत्ता' से जुड़े थे। यहाँ तक कि इस बात को लेकर हुए झगड़े में मोबाइल फोन की आवाज धीमी करने से इनकार करनेवाले यात्री ने यह तक कहा, 'हमें तो इतनी भी आजादी नहीं है कि हम अपनी पसंद की फिल्म देख सकें, जबकि इसकी सुविधा मौजूद है।'

इन आवाजों का विरोध करनेवाला यात्री इतना विचलित हो गया कि उसने खड़े होकर ताली बजाकर सहयात्रियों का ध्यान खींचा और कहा, 'जी.एस.टी. तो कुछ ऐसा ही है, जैसा आपमें से ज्यादातर लोग कर रहे हैं। आपको जेट स्ट्रिमिंग पर पसंद का कार्यक्रम देखने की स्वतंत्रता है, ठीक वैसे ही, जैसे आप देश में कोई भी बिजनेस कर सकते हैं।'

लेकिन आपको हैडफोन इस्तेमाल करने होंगे, क्योंकि आपको दूसरे को परेशान करने की आजादी नहीं है। जी.एस.टी. भी बिजनेस करें, लेकिन वह व्यवस्थित रूप से एक संरचना के तहत ऐसा करें। मेरा निवेदन है कि आप ईयरफोन लगा लें और संगीत का आनंद लें, मतलब अपने बिजनेस का आनंद लें, ताकि विमान का हर यात्री शांति से यात्रा कर सके। जो अपना संबंध सत्ता के गलियारों से जुड़े होने की शेखी बघार रहे थे, उनके चेहरे गुस्से से लाल हो गए।

> फंडा यह है कि हमें कोई भी व्यवसाय करने का 'फ्रीडम' है, पर नियमों का पालन किए बिना उन्हें चलाने की 'लिबर्टी' नहीं है।

नेक बनें, श्रेष्ठ बनें

टाइम को 'पास' करो तो जीवन में फेल नहीं होंगे

पहली कहानी : कॉलेज और स्कूल के बाद मॉल और सिनेमा थिएटरों में अपने साथियों से अलग वह बेंगलुरु के नेशनल एरोस्पेस लेबोरेट्री (एन.ए.एल.) के ग्राउंड में पढ़ाई करके टाइम पास करता है। फिलहाल उसकी उम्र 20 साल है और वह इसी तरह से पिछले नौ साल से टाइप पास कर रहा है, क्योंकि एन.ए.एल. के एरोस्पेस इलेक्ट्रॉनिक्स और सिस्टम डिविजन के स्काई सर्फर जैसे अनमेंड एरियल व्हीकल (यू.ए.वी.) एयरप्लेन के विंग लगाना और ऑटो पायलट वाले क्वाड्रोटोर्स की टेस्टिंग देखना उसे पसंद है। यहाँ धीरे-धीरे वह वैज्ञानिकों की मदद करने लगा और ड्रोन के प्रति बचपन से ही उसे आकर्षण था, इसलिए वह इनके डिजाइन, डेवलपिंग और ड्रोन टेस्टिंग की ओर बढ़ा। आज वह 'ऐरो मॉडलर्स एसोसिएशन ऑफ इंडिया' का सदस्य है। मिलिए रोहित देव से! बी.एस-सी. प्रथम वर्ष का यह छात्र एन.ए.एल. की लैब में कोई नया ड्रोन बनाया जाता है तो वैज्ञानिक नियमित रूप से उसे बुलाते हैं, क्योंकि उनके पास ड्रोन के प्रोटोटाइप को उड़ाने के लिए कोई पायलट नहीं है।

यू.ए.वी. को ट्यून करने और फिल्म करने के अलावा वह अरडूपायलट (प्रोफेशनल ग्रेड ओपन सोर्स, यू.ए.वी. ऑटोपायलट सॉफ्टवेयर सुइट) के लिए अल्गोरिदम भी लिखता है। तीन दिन में वह इसकी प्रायोगिक उड़ान भरता है। एन.ए.एल. से जुड़ने से उसे फायदा हुआ, क्योंकि इससे उसे अच्छा टाइमपास तो मिला ही, साथ ही तकनीक को समझने में भी मदद मिली। एक प्राइवेट ड्रोन निर्माता ने उसे अपने यहाँ ड्रोन टेस्ट पायलट का फुल टाइम जॉब करने का प्रस्ताव दिया था,

लेकिन पढ़ाई में नुकसान होता, इसलिए उसने इनकार कर दिया। टेस्ट ड्राइव करने के अलावा वह घर पर यू.ए.वी. और एक माइक्रो एयर व्हीकल बना रहा है। इसमें ऊर्जा की बचत, टिकाऊपन, अत्याधुनिक तकनीक पर विशेष जोर है। 2015 में देव को नासा ने यंग साइंटिस्ट पुरस्कार, बेस्ट यू.ए.वी. पायलट और यू.ए.वी. डिजाइन के पुरस्कार से नवाजा है। उसे यू.ए.वी. डेवलपमेंट पर रिसर्च के लिए सेंट्रल फ्लोरिडा यूनिवर्सिटी से भी प्रशंसा मिली है।

दूसरी कहानी : मुंबई के तट पर आंबेडकर नगर उस जगह के काफी पास है, जहाँ 2008 में 26 नवंबर की रात अजमल कसाब और अन्य नौ आतंकी अपनी बोट से उतरे थे, और कई लोगों की हत्या कर दी थी। 400 स्लम के अधिकतर युवा रोज ही अधिकांश समय समुद्र तट पर गुजारते हैं। कचरे से भरी गंदी गलियों से निकलना यहाँ के बच्चे बहुत जल्दी सीख जाते हैं। फिर शाम इनकी अरब सागर में उछल-कूद करते बीतती है। पर 17 साल का रघुवीर सिंह इससे उलट है। वह अंडरग्रेजुएट है और एन.जी.ओ. 'हमारा फुटपाथ' ने उसके सहित 5 बच्चों को स्कूल-कॉलेज में भरती किया था। लाइफ स्किल के लिए दी जा रही दो साल की इंटर्नशिप में से वह 18 माह पूरे कर चुका है। यह ऐसी चीज है, जो उसका बैकग्राउंड उसे नहीं दे सकता था। जे.एम. बक्शी एंड कंपनी में वह इंटर्नशिप कर रहा है। यह 100 साल पुरानी शिपिंग और लॉजिस्टिक्स कंपनी है। यहाँ उसे आने-जाने के खर्च और भोजन के अलावा 4000 रुपए मिलते हैं।

पढ़ाई के प्रति उसका समर्पण और घर के कामों और खेल के समय को ठीक से बँटवारे के कारण भी उसे यह इंटर्नशिप पाने में मदद मिली। उसका टेलेंट भी एक फुटबॉल गेम के दौरान ही सामने आया, जो कॉरपोरेट जगत् और उनके बीच खेला गया था। इसके बाद से ये बदल गए हैं। उनकी झोपड़ियाँ देखे बिना कोई यह नहीं कह सकता है कि वे ऐसी पृष्ठभूमि से हैं। आगे बढ़ने की इच्छा से उसे आत्मविश्वास मिला है।

फंडा यह है कि जिसने भी बचपन के टाइम को 'पास' किया हो, टाइम पास न किया हो, उसकी जिंदगी कभी फेल नहीं हुई।

□

काम की स्मार्ट और सेफ शैली से तैयार होते हैं संतुष्ट ग्राहक

मेरे जैसे कई बदकिस्मत लोग हैं, जो खुद को 'गोरे पापी' समझते हैं, व उन्हें बहुत जल्दी उठने के लिए कहा जाता है और वह भी रविवार की सुबह 'दूधवाला' फ्लाइट पकड़ने के लिए। इस रविवार को मुझे राजकोट से ऐसी ही फ्लाइट पकड़नी पड़ी। मैं राजकोट के जिस स्टार होटल में ठहरा था, उसके रिसेप्शन पर फोन लगाकर मैंने उन्हें बिल तैयार रखने को कहा, ताकि चेकआउट के समय मेरा वक्त बरबाद न हो। होटल रिसेप्शनिस्ट ने विनम्रता से कहा, 'सर, मैं ऐसा तब तक नहीं कर सकती, जब तक कि मैं आपके रूम में रूम फैसेलिटीज से किसी प्रोडक्ट के इस्तेमाल को चेक नहीं कर लेती। इसे होटल की भाषा में 'बार' कहते हैं। मैं प्राय: हवाई यात्रा करता रहता हूँ, इसलिए जानता हूँ कि यह वक्त बरबाद करनेवाला बहुत बड़ा काम है, क्योंकि ऐसे दौड़-भाग के काम करने के लिए नाइट शिफ्ट में हमेशा एक ही आदमी होता है, जबकि रात के अजीब से वक्त में होटल से चेकआउट के लिए हमेशा अधिक लोग होते हैं, जिससे देरी हो जाती है। आमतौर पर रूम में ठहरे मेहमान के काउंटर पर पहुँचने के बाद किसी को उसका रूम चेक करने भेजा जाता है। यदि चेक करने के लिए कमरे अधिक हों तो बिल बनाने की प्रक्रिया में देरी भी अधिक होती है। इसके कारण रिसेप्शन काउंटर पर गरमागरम बहस होते देखी है। मैंने रिसेप्शन काउंटर पर कहा कि या तो वे मेरी बात का भरोसा करें कि मैंने 'बार' से कुछ नहीं लिया या किसी को यह चेक करने भेजें। तब तक मैं तैयार होता हूँ, ताकि समय बच सके। उन्होंने वहाँ जरूरी चैकिंग के लिए किसी को भेजा तो सही, पर दो बार याद दिलाने के बाद होटल के एग्जिट पर पहुँचने के बाद एक अपमार्केट सेडान मुझे एयरपोर्ट ले जाने के लिए इंतजार कर रही थी। ड्राइवर बहुत अच्छी तरह कार चला रहा था, पर कोई बात मुझे लगातार उत्तेजित कर रही थी। लेकिन

मैं ठीक से समझ नहीं पा रहा था कि बात क्या है, क्योंकि सड़क पर बहुत शोर था और बाहर जाने वाली बसों के ड्राइवर अपने संभावित यात्रियों का ध्यान खींचने के लिए जोर-जोर से हॉर्न बजा रहे थे। एयरपोर्ट ले जाने वाले केसरिया ब्रिज पर पहुँचने के बाद सड़क पर सन्नाटा छा गया, तो मुझे खयाल आया कि ड्राइवर ने सीट बेल्ट नहीं लगाई है और कार लगातार चेतावनी का अलार्म बजा रही थी। वह आवाज उन लोगों के लिए बहुत फर्क पैदा कर देती है, जो ऐसे शहरों के होते हैं, जहाँ सीट बेल्ट लगाना अनिवार्य है। यही वजह है कि ऑटोमोबाइल कंपनियों ने कार को ऐसे डिजाइन किया है कि वह आवाज करके ड्राइवर ने सीट बेल्ट लगाने से इनकार किया ही, साथ में स्थानीय ज्ञान देने लगा, 'हमारे शहर में सीट बेल्ट जैसे मामूली मुद्दे पर कोई राई का पहाड़ नहीं बनाता।' मुझे उसके जवाब पर आश्चर्य हुआ, उसके रूखे जवाब के कारण नहीं, बल्कि इस कारण कि होटल ने उसे ऐसी मानक प्रक्रिया अपनाने की ट्रेनिंग नहीं दी थी, जो सड़क पर यात्रा करते समय जान-माल की सुरक्षा के लिए जरूरी है। जब मैंने उसे यह समझाने की कोशिश की और उस पर सीट बेल्ट पहनने के लिए जोर डाला तो उसने बड़ी अनिच्छा से एयरपोर्ट पहुँचने से सिर्फ 30 सेकंड पहले ऐसा किया। उस थोड़े समय में रियर मिरर से दिखता उसका चेहरा ऐसा हो गया था जैसे उसे जेल में डाल दिया गया हो। सीट बेल्ट पहनने पर मेरे जोर दिए जाने से वह इतना विचलित था कि एयरपोर्ट पहुँचते ही उसने तेजी से खुद को बेल्ट से मुक्त किया। अपनी तरफ का दरवाजा उसने इतने जोर से खोला व बंद किया कि मुझे बीते दिनों का एंग्री यंगमैन 'विजय' याद आ गया, वह किरदार, जिसे अमिताभ बच्चन ने बॉलीवुड की कई फिल्मों में निभाया था। वह पात्र भी कार का दरवाजा जोर से लगाता था। आंत्रप्रेंयोर केवल बेस्ट इंफ्रास्ट्रक्टर खरीद सकते हैं, सर्वोत्तम सुविधाएँ दे सकते हैं। पर जब तक इनका प्रबंधन स्मार्ट कर्मचारियों के हाथों में न हो, तब तक ये सारी सुविधाएँ वह नतीजे नहीं देती, जिनके लिए उन्हें तैयार किया गया होता है।

फंडा यह है कि अच्छे कर्मचारी को हमेशा बेहतर परिणामों के लिए चतुराईपूर्ण और सुरक्षित प्रक्रियाएँ अपनानी चाहिए और इस तरह अपने संस्थान के लिए संतुष्ट ग्राहक तैयार करना चाहिए।

□

प्रभावशाली लोगों से निकटता गलत करने का अधिकार नहीं देती

वर्ष 2011 में असम के गोगोई ने दक्षिण अफ्रीका के कैपटाउन में 20 वर्षीय नाइजीरियाई केलेची ओजा हेनरी को फुटबॉल खेलते देखकर उन्हें खिलाड़ियों की बड़ी माँग है। उसी साल जून में हेनरी ने गुवाहाटी के कहिलीपाड़ा को अपना घर बना लिया और छह माह के वीजा पर फुटबॉल की कोचिंग देने लगे। बॉल को अपनी गरदन, माथे और होंठों पर बैलेंस करने की अपनी शैली के कारण हेनरी ने स्थानीय फुटबॉल मैनेजरों का ध्यान खींचा और वे स्थानीय फुटबॉल लीग में स्टार स्ट्राइकर हो गए। वे प्रति मैच 25,000 रुपए लेकर असम भर में खेलने लगे। उन्होंने स्थानीय नृत्यु बिहु के स्टेप्स सीख लिये और गोल लगाने के बाद डांस करके जश्न मनाने के लिए प्रसिद्ध हो गए। महीने धीरे-धीरे वर्षों में बदल गए और सफलता धीरे-धीरे उन पर हावी हो गई। फिर वे तब भाजपा विधायक और अब असम के मंत्री नाबा डोले के संपर्क में आए, जिन्होंने उनसे अपने चुनाव क्षेत्र लखीमपुर जिले के धाकुआखाना के युवा फुटबॉल खिलाड़ियों को कोचिंग देने को कहा। राजनीति तो प्रचार के लिए जानी जाती है तो धाकुआखाना में चारों ओर पोस्टर लग गए, हेनरी आ रहे हैं। गाँवों से लोग उन्हें देखने आए और फिर उन्हें समारोहपूर्वक खास आदिवासी कपड़ा 'गामोसास' प्रदान किया गया। उन्होंने उसे पहना और एक म्यूजिक शो में 50 हजार से ज्यादा की भीड़ के सामने गीत गाया। वहाँ उन्होंने 600 लड़कों को कोचिंग देना शुरू किया। हेनरी को मार्च 2016 में गिरफ्तार करके जेल भेज दिया गया, जब उनकी सेवाएँ लेने वाले स्थानीय

क्लब ने उनकी मौजूदगी की पुलिस को सूचना नहीं दी। उन्हें वीजा अवधि से ज्यादा समय तक और वह भी एक्सपायर्ड पासपोर्ट पर रहने के आरोप में सात माह के लिए जेल भेज दिया गया। गोलाघाट जेल में सात माह के दौरान हेनरी ने जेल में सात-सात खिलाड़ियों की फुटबॉल टीमों का टूर्नामेंट शुरू कर दिया, जिसे नाम दिया गया 'इंडिपेंडेंस कप'। उन्होंने स्नेल यानी घोंघे की एक डिश भी तैयार की, जिसे असमी में 'हामुक' कहा जाता है। इसके कारण उनका नाम पड़ा 'हामुक गोगोई'। फिर गोलाघाट जिले के विधायक मृणाल सैकिया का ध्यान उन पर गया। अगस्त 2016 में सैकिया ने इंडिपेंडेंस कप को टी.वी. इवेंट बना दिया। टी.वी. चैनल जेल में आकर उसका कवरेज करने लगे। हेनरी अब भी 25 वर्ष के ही थे और फुटबॉल के अपने जुनून के कारण ख्यात हो गए थे। सैकिया उन्हें पसंद करने लगे और वे चाहते थे कि हेनरी उनकी टीम 'खुमताई टाइगर्स' को ट्रेनिंग दें। उनके छूटने के बाद सैकिया असम पुलिस के जरिए हेनरी को दिल्ली में नाइजीरिया के उच्चायोग ले गए, ताकि उनके पासपोर्ट का नवीनीकरण किया जा सके। हालाँकि, कानून के मुताबिक वीजा के नवीनीकरण के लिए उन्हें नाइजीरिया लौटकर वहाँ स्थित भारतीय उच्चायोग में आवेदन करना अनिवार्य था। पिछले साल 24 अक्तूबर को नाइजीरियाई उच्चायोग ने उन्हें बताया कि यदि वे असम लौटे तो उन्हें फिर जेल में फेंक दिया जाएगा। लेकिन, सत्ता में बैठे लोगों की निकटता के कारण उन्होंने कहा, 'एक विधायक मेरी सेवाएँ ले रहे हैं।' कथित रूप से उनके साथ आए पुलिस अधिकारियों ने उन्हें बताया, 'गुवाहाटी वापस आ जाओ, हमारे विधायक आपका वीजा ला देंगे।' 27 अक्तूबर को सैकिया ने गुवाहटी स्टेशन पर उनकी अगवानी की। 31 अक्तूबर को उन्होंने प्रभावशाली पुलिस अधिकारी यानी एस.पी. की मौजूदगी में वीजा के लिए आवेदन दिया और कुमताई टाइगर्स को प्रशिक्षण देना शुरू कर दिया, जाहिर है उन्हें सैकिया का सपोर्ट था। प्रभावशाली लोगों की कोशिश के बावजूद विदेश मंत्रालय प्रभावित नहीं हुआ और उसने वीजा देने से इनकार कर दिया। 24 नवंबर, 2016 को उन्हें गिरफ्तार करके फिर एक साल के लिए जेल भेज दिया गया। पिछले गुरुवार को अब 26 वर्ष के हो गए हेनरी को रिहा करके उन्हें स्वदेश भेज दिया गया, जहाँ उन्हें एक और मामले का सामना करना होगा। यदि वे हर छह माह बाद अपने देश जाते रहते और थोड़े

अंतराल के बाद वीजा के लिए आवेदन देते रहते तो वे अब तक जायज फुटबॉल हीरो बन चुके होते!

> फंडा यह है कि प्रभावशाली लोगों से निकटता अथवा बहुत अच्छा हुनर होने से आपको कानून के खिलाफ कुछ गलत करने का अधिकार नहीं मिल जाता।

जीवन की गुणवत्ता सुधारना चाहते हैं तो रोज के अच्छे कामों की सराहना कीजिए

जब आपको लगे कि किसी ने कुछ ऐसा पूर्ण समर्पण के साथ किया है, जो आप उसकी स्थिति में होने पर करते या करना पसंद करते, तो उससे सिर्फ यह कहिए, बहुत अच्छा या धन्यवाद। फिर देखिए कि वह व्यक्ति वही अच्छा काम कैसे दोहराता है, लेकिन यहाँ एक पेच है। यह छोटी सी सराहना कोई एक बार दिखाई गई सौजन्यता नहीं है। यह सतत चलने वाली प्रक्रिया है और यदि आप चाहते हैं कि आपके आसपास का दिन-प्रतिदिन का जीवन सुगमता से चले तो यह दैनिक क्रिया होनी चाहिए। खयाल रहे कि किसी के प्रति आभार व्यक्त करने की यह क्रिया कृत्रिम या फर्जी न हो, यह पूरी ईमानदारी से व्यक्त भावना हो।

किसी भी शहर की गलियों में तैनात सिपाही को ही लीजिए। हम उन्हें ऐसे पांडु (मराठी अपमानजनक संदर्भ) के रूप में देखते हैं, जो हमेशा पान मसाला चबाकर चारों तरफ थूकते रहते हैं। लेकिन, क्या आपने कभी एक सेकंड के लिए भी सोचा कि वह व्यक्ति चिलचिलाती धूप में या बरसते पानी में कई बार तो सिर पर बिना किसी आसरे के खड़ा रहता है, यह सुनिश्चित करने के लिए कि उस चौराहे पर कोई ट्रैफिक जाम न हो और हम समय से दफ्तर पहुँच जाएँ। हम हमेशा कार के शीशे चढ़ाकर ए.सी. फुल कर देते हैं, क्योंकि हमारे आगे खड़े विशाल ट्रक द्वारा छोड़ा गया धुआँ हमें बरदाश्त नहीं होता। किंतु शायद ही हमारा ध्यान कभी इस तथ्य की ओर जाता है कि सामने खड़ा यातायात का सिपाही भी उस धुएँ से प्रभावित होता है। यही वजह है कि वे सिपाही अधिक थूकते रहते हैं। हम कभी कार के शीशे नीचे गिराकर उसे 'थैंक्यू' नहीं कहते। यह कीजिए और अगले दिन फर्क देखिए! हर दिन कीजिए, जब भी संभव हो। यह आपको चकित कर देगा, क्योंकि वे भी इनसान हैं और सराहना पाने

के लिए व्याकुल रहते हैं, जो उन्हें कभी नहीं मिलती।

यही वजह है कि एक कारवाले द्वारा 4 जून को शूट किया वीडियो सोशल मीडिया पर वायरल हो गया। वीडियो में यातायात के एक सिपाही का समर्पण दिखाई देता है, जो ढाई घंटे तक बिना रेनकोट के बारिश में सिर्फ इसलिए खड़ा रहा, ताकि मुंबई में अत्यधिक व्यस्त रहने वाले वेस्टर्न एक्सप्रेस हाईवे के निकट के उस रोड पर ट्रैफिक जाम न हो जाए। याद रहे कि भारी बारिश के कारण मुंबई में जगह-जगह पानी जमा हो गया था और महानगर जैसे थम गया था, लेकिन जिस रोड की व्यवस्था नंदकुमार इंगले (47) सँभाल रहे थे, वहाँ यातायात तब तक सुगमता से चलता रहा, जब तक कि एक पेड़ वहाँ नहीं गिर गया। उससे भी थोड़ी देर के लिए ही जाम लगा, जिसे उन्होंने अपने सहयोगी की मदद से हटा दिया। जोरदार हवाओं ने पहले तो कुछ बैरिकेड 150 मीटर दूरी तक फेंक दिए। इंगले ने अपना फोन व वालेट अपने वार्डन को दिया और बैरिकेड्स को सुरक्षित दूरी तक हटा दिया तथा सुनिश्चित किया कि रोड पर कोई अराजकता न हो। बाद में एक अन्य कॉन्स्टेबल प्रदीप भिलाए उनकी मदद के लिए आए और दोनों रात 11:30 बजे तक उसी रोड पर डटे रहे। मजे की बात है कि ट्रैफिक विभाग में 33 साल से ज्यादा समय से सेवा दे रहे इंगले का सोशल मीडिया पर कोई अकाउंट नहीं है और उन्हें इस वीडियो के बारे में तब तक कुछ पता नहीं था, जब तक उनके वरिष्ठ अधिकारियों ने अगले दिन काम पर आने के बाद उन्हें बधाई नहीं दी। कोई आश्चर्य नहीं कि महिंद्रा एंड महिंद्रा के सी.एम.डी. आनंद महिंद्रा जैसी शख्सियत ने वीडियो देखने के बाद ट्वीट में कहा, 'हमें हीरो की परिभाषा को और विस्तार देने की जरूरत है। वीरतापूर्ण कार्य सिर्फ वही महान् कृत्य नहीं होना चाहिए, जो स्मारकों और प्रतिमाओं का औचित्य सिद्ध करते हैं, बल्कि हर वह काम इसके दायरे में होना चाहिए, जो अपने साथी नागरिकों के प्रति कर्तव्य व चिंता में किए गए हों। रोज की जिंदगी के ऐसे जितने हीरो हमारे पास होंगे, हमारे जीवन की गुणवत्ता उतनी ही अच्छी होगी।'

फंडा यह है कि हर कोई जानता है कि काम के प्रति समर्पण दुर्लभ गुण है और यही किसी व्यक्ति की सफलता की कहानी लिखता है। लेकिन, हममें से ज्यादातर नहीं जानते कि इसे नियमित रूप से सराहना और आभार की भी जरूरत होती है।

प्रसन्न मन ही व्यक्तित्व के गुण बदल सकता है

इस शनिवार को क्रिकेटर विराट कोहली ने अपनी पत्नी अनुष्का शर्मा की एक वीडियो क्लिप ट्वीट की, जिसमें वे शोफर वाले वाहन की पिछली सीट पर बैठे व्यक्ति को कचरा फैलाने पर फटकार लगाती दिख रही थीं। 17 सेंकड की यह क्लिप तब शूट की गई थी, जब वे अपने वाहन में मुंबई की सड़क पर थे। क्लिप में अनुष्का पिछली सीट पर बैठे व्यक्ति से पूछती हैं, 'आप सड़क पर प्लास्टिक क्यों फेंक रहे थे? आप सड़क पर प्लास्टिक नहीं फेंक सकते। डस्टबिन का इस्तेमाल करें!'

इस पोस्ट ने कई नेटीजन का ध्यान खींचा। कुछ ने तो सेलिब्रिटी युगल का समर्थन किया, जबकि कुछ ने उस व्यक्ति का यह कहकर पक्ष लिया कि युगल ने निजी स्तर पर उस व्यक्ति को सुधार की सीख देनी थी। उस व्यक्ति का कहना था कि उसकी लापरवाही के कारण प्लास्टिक उसकी कार की खिड़की से उड़कर बाहर चला गया और उसे इस पर खेद है। लेकिन विराट ने अपने ट्वीट में लिखा, इन लोगों को सड़क पर कचरा फेंकते देखा और वहीं उनकी खिंचाई की। लग्जरी कार में यात्रा कर रहे हैं, पर दिमाग का पता नहीं है। ये लोग हमारे देश को साफ रखेंगे? यदि आप ऐसा कुछ गलत होता हुआ देखें तो यही करें और जागरूकता फैलाएँ। उनके और करीब 10 हजार नेटीजन के बीच हुआ शब्दयुद्ध, जो भी रहा हो, एक बात बिल्कुल स्पष्ट है कि हम ज्यादातर भारतीय कचरे को लेकर सतर्कता नहीं बरतते। कचरे को जिम्मेदारी से ठिकाने लगाना अभी आदत में शुमार होना बाकी है। वरना हमें सारी नगर पालिकाएँ व निगम बारिश के पहले नालियों से कचरा निकालते नहीं दिखतीं।

इससे मुझे भीम की कहानी याद आ गई, जिसमें कुश्ती-कला नैसर्गिक रूप से

मौजूद थी। लेकिन, राजा विराट की शाही रसोई में रसोइए की भूमिका में उसे लड़ने का कोई मौका नहीं मिलता था। एक दिन वह मौका भी आ गया। राजा विराट के महल में द्रौपदी रानी सुदेषणा को सेवा देती थी। उसने रानी से कहा कि उनका, पाँच गंधर्वों से विवाह हुआ है, जो भी उनकी पत्नी को तकलीफ देगा, वे उसे मार देंगे। लेकिन, रानी का कजिन कीचक द्रौपदी के प्रति आकर्षित हो गया और उसने प्रार्थना की कि भगवान् शिव या तो उसे द्रौपदी प्रदान करें या मृत्यु दे दें। शिव अधर्म का पक्ष तो नहीं ले सकते थे, इसलिए उन्होंने उसे मृत्यु दे दी।

जब रानी ने द्रौपदी को कीचक के कक्ष में किसी काम से भेजा तो कीचक ने उसके वस्त्र पकड़कर अपनी तरफ खींचना चाहा। द्रौपदी ने सूर्य से प्रार्थना की और उन्होंने उसकी रक्षा के लिए एक राक्षस भेज दिया, जिसने अड़ंगा लगाकर उसे गिरा दिया। द्रौपदी ने राजा से कीचक के व्यवहार की शिकायत की, पर राजा ने उसकी शिकायत को गंभीरता से नहीं लिया। फिर उसने भीम से शिकायत की, जिसने कीचक को मार डालने का फैसला किया। जो कीचक को खोजते हुए आए, वे भी भीम के हाथों मारे गए। कुछ ही लोग थे, जिन्हें उस वक्त महान् कुश्ती-वीर माना जाता था—शल्य, बलराम, कीचक, भीम, हिडिंबा और भागसुर। चूँकि अंतिम दो मारे गए थे और शल्य व बलराम विराट के राज्य में नहीं थे, इसलिए कौरवों को संदेह हुआ कि भीम विराट के राज्य में हो सकता है। इस तरह कीचक-वध कौरवों को विराट के यहाँ ले आया। अपनी पहचान छिपाना आसान नहीं है, पर असंभव भी नहीं। यदि मन विचलित और नाखुश है तो किसी के व्यक्तित्व के गुण उसके जाने बिना भी जाहिर हो जाते हैं। विराट के ट्वीट में जाहिर हुआ कि व्यक्ति भी उस समय अज्ञातवास के भीम की तरह विचलित होगा।

> फंडा यह है कि पैसा और लग्जरी नहीं, बल्कि अविचलित और प्रसन्न मन ही हमारे व्यक्तित्व के गुणों में 360 डिग्री का परिवर्तन ला सकता है।

हमें बच्चों के लिए 'पुण्य' पासबुक बनाना चाहिए

मैं दूसरों को मदद करता रहता हूँ, क्योंकि आप मुझे कहती रहती हैं कि इस तरह मैं काफी पुण्य कमा सकता हूँ, जिसकी मुझे तब मदद मिलेगी, जब मैं बूढ़ा हो जाऊँगा। मुझे बताइए कि आपने वे खाते कहाँ रखे हैं और अब तक मैंने कितना पुण्य कमा लिया है? यह प्रश्न मुंबई के सिद्धिविनायक मंदिर में एक बच्चे ने अपनी माँ से इस मंगलवार पूछा, जो मंदिर में सबसे भीड़ भरा दिन होता है। वे चाहती थीं कि उनका 12 वर्षीय पुत्र बुजुर्गों को दर्शन के बाद टोकन देकर शू रैक से उनके जूते-चप्पल प्राप्त करने में मदद करे, जो बाहर जाने के दरवाजे से कुछ दूर था।

'मैं तुम्हें तुम्हारे खाते बताऊँगी, जब तुम घर आओगे, पहले तुम उन्हें उनके स्लिपर लाकर दो,' माँ ने रूखा जवाब दिया। यह सटीक जवाब नहीं था और इस बात की संभावना थी कि बच्चा वह आस्था खो देगा, जिस पर वह अब तक टिका हुआ था, क्योंकि यही वह वक्त होता है, जब बच्चा स्वतंत्र रूप से सोचना शुरू करता है। एक राहगीर ने माँ-बेटे का यह संवाद सुना और माँ का परिचय 'टाइम बैंक स्कीम' से कराया, जिसे स्विट्जरलैंड के सेंट गैलेन शहर में 2012 में शुरू किया गया था।

इय योजना के तहत अच्छी सेहत के ऐसे सेवानिवृत्त व्यक्ति, जिनके पास वक्त हो, इसका उपयोग स्थानीय जरूरतमंद बुजुर्गों को केयर व सपोर्ट देने में कर सकते हैं। काम का हर घंटा एक विशेष व्यक्तिगत खाते में डिपॉजिट के रूप में दर्ज होता है, जिसका उपयोग बाद में उसे भुगतान में किया जा सकता है, जब बुजुर्गों की केयर करनेवाले उस व्यक्ति को सहायता की जरूरत हो या वह बड़ा हो जाए। चूँकि उनका

सिस्टम बहुत मजबूत है, तो बुजुर्गों की बढ़ती आबादी के साथ हर संघीय सांख्यिकी विभाग का अनुमान है कि चार सक्रिय रूप से रोजगार में लगे व्यक्ति एक रिटायर व्यक्ति की पेंशन में योगदान देते हैं। आज से 35 साल बाद यह हिस्सेदारी सिर्फ दो कर्मचारी पर आ जाएगी।

सेंट गैलेन उत्तर-पूर्वी स्विट्ज़रलैंड में जर्मन सीमा के नजदीक स्थित है, जहाँ 2012 में 72,522 लोगों की आबादी में करीब 12 हजार से ज्यादा लोग 65 से ऊपर की उम्र के थे। पाया गया कि 77 फीसदी को सेहत संबंधी समस्या है, जिनमें 39 फीसदी को डिमोंशिया (मानसिक या दिमागी शक्ति खत्म होना) और 26 फीसदी डिप्रेशन से पीड़ित हैं। इसलिए शहर का चुनाव इस पायलट प्रोजेक्ट के लिए किया गया।

चूँकि वृद्धावस्था की ओर जा रही आबादी की सबसे बड़ी आवश्यकता खरीददारी, प्रशासकीय काम और सफाई जैसे दिन-प्रतिदिन के कामों में मदद की होती है, अधिकारी गाँव की मानसिकता शहर में लाने की कोशिश करके वे दिन लौटाना चाहते हैं, जब लोग अपने आसपास के लोगों की अधिक परवाह करते थे। नई व्यवस्था में सारी मदद एक कॉल सेंटर से संचालित होगी, जहाँ खर्च किए और कमाए गए घंटे किसी बैंकिंग व्यवस्था की तरह क्रेडिट और डेबिट किए जाएँगे। सेंट गैलेन के अधिकारियों ने 1,50,000 स्विस फ्रैंक के सालाना बजट वाला एक फाउंडेशन बनाया है, ताकि इंटरनेट साइट को फाइनेंस कर वॉलंटियर को जरूरतमंदों से संपर्क की सुविधा देने के साथ प्रशासकीय और प्रशिक्षण का खर्च उठाया जा सके। यदि प्रोजेक्ट नाकाम होता है तो यह पैसा उन वॉलंटियरों को मुआवजा देने की गारंटी के रूप में भी काम देगा, जिन्होंने अपने खाते में कुछ घंटे जमा कर लिये हों। जितने घंटे खाते में जुड़ेंगे, उतना पैसा वॉलंटियर को गारंटी देने के लिए जोड़े जाएँगे दे सके। हर वॉलंटियर अधिकतम 750 घंटे ही डिपॉजिट कर सकता है।

फंडा यह है कि हम बच्चों द्वारा किए गए अच्छे काम दर्ज करने के लिए बैंक पासबुक निर्मित कर बाद में इसका उन्हें उचित पुरस्कार दे सकते हैं।

□

लोग हों या प्रोडक्ट, उनका असर तो दिखाई देना ही चाहिए

लोगों की कहानी : उनके बीच एक अनूठा और प्यार से सँजोया हुआ संबंध है। यही वजह थी कि वे उन्हें गले लगा रहे थे, रो रहे थे और उनके पैर पकड़ रहे थे। उन्हें जाने नहीं दे रहे थे। उन्हें देखकर वे स्वयं भी फूट पड़े। फिर वे उन्हें स्कूल के हॉल में ले गए। सांत्वना दी कि वे कुछ ही दिन में लौट आएँगे। 28 वर्षीय जी. भगवान् तमिलनाडु के तिरुवल्लूर के शासकीय हाई स्कूल के अंग्रेजी के शिक्षक हैं। ग्रेजुएट शिक्षक के रूप में यह उनकी पहली नौकरी है, लेकिन तीन दिन पहले उन्हें तबादले का आदेश मिला, क्योंकि स्कूल में अतिरिक्त शिक्षक है और यह सुनकर स्कूल के विद्यार्थियों का तो दिल ही टूट गया। जैसे ही विद्यार्थियों को इस मंगलवार उनके तबादले के बारे में बताया गया, वे भगवान् के आसपास इकट्ठा हो गए और स्कूल में हाजिर होने से इनकार कर दिया। स्कूल में विरोध प्रदर्शन शुरू हो गया और सरकार के तबादला आदेश के विरोध का उनके पालकों ने भी समर्थन किया। इस भावनात्मक क्षण का वीडियो स्थानीय तमिल चैनल पुथिया थलाईमुराई में प्रसारित हुआ और विद्यार्थियों की भाव-भंगिमाओं ने तो नौकरशाही को भी द्रवित कर दिया—अब तबादले के इस आदेश को दस दिन के लिए स्थगित कर दिया गया है। उसके बाद तय किया जाएगा कि वे वहाँ रहेंगे या नए स्कूल में जाएँगे?

उन्होंने ऐसा क्या किया? उन्होंने खुद को सिर्फ शैक्षिक गतिविधियों तक सीमित न रखकर बच्चों से संवाद साधा। वे कहानियाँ सुनाते थे, उनकी पारिवारिक

पृष्ठभूमि को समझते, उनके भविष्य के बारे में बात करते और उन्हें प्रोजेक्टर से भविष्य दिखाया करते। खासतौर पर प्रोजेक्टर के ये सत्र उनके लिए बहुत आनंददायक होते। उन्हें ऐसा लगता, जैसे वे सिनेमा हॉल में बैठे हैं और विद्यार्थी उन स्थितियों से अपनी जिंदगी को जोड़कर महसूस करते थे। शायद ये सारी नई चीजें, जो उन्होंने करने की कोशिश की, उनकी वजह से बच्चों का उनसे सच्चा रिश्ता कायम हो गया। वे शिक्षक से अधिक उनके दोस्त बन गए।

प्रोडक्ट की कहानी : कोलकाता की सड़कों पर दिखने वाले 320 जर्जर साइकिल रिक्शा— जो गंतव्य के आखिरी छोर तक कनेक्टिविटी देते हैं, में से 200 मौन क्रांति से गुजरे हैं। अब उन्हें पैडल से चलाने की जरूरत नहीं रही, वे बैटरी से चलने लगे हैं। साइकिल रिक्शा से ई-रिक्शा में बदले इन वाहनों में एक्सीलेटर, हैडलाइट, टेललाइट, इंडिकेटर और यहाँ तक कि शॉक एब्जॉर्बर भी हैं, जो आपको आराम की सवारी देते हैं। कुछ में तो विंड शिल्ड और बैटरी चार्ज लेवल इंडिकेटर सहित सेलफोन चार्जिंग पॉइंट भी है। साल्ट लेक जैसे लोकप्रिय स्थानों पर हर पाँच में से चार ई-रिक्शा हैं। मुझे याद आता है कि अहमदाबाद में तो रिक्शावालों को मैंने दाएँ या बाएँ मुड़ने का संकेत देने के लिए हाथ ही नहीं, पैर बाहर निकालते देखा है! लेकिन ये रिक्शा चालक तो पिछले एक माह से अपने अहमदाबाद के साथियों को शर्मिंदा कर रहे हैं। वे कार की तरह हॉर्न बजाते हुए सर्र से यहाँ-वहाँ जा रहे हैं और मोड़ पर शान से इंडिकेटर चमका रहे हैं। हालाँकि पहली बार देखनेवालों को यह पुराना रिक्शा ही दिखेगा, क्योंकि साइकिल के पैडल को बनाए रखा गया है कि कहीं किसी कारण या डिस्चार्ज होने से बैटरी नाकाम हो जाए तो पैडल चलाकर रिक्शे की यात्रा जारी रखी जा सके।

एक बार चार्ज करने में 30 रुपए लगते हैं, जिसमें वे दिनभर की 80 किलोमीटर की सेवा देते हैं। बाद में हिस्से-पुरजे लगाकर (जुगाड़) बनाया गया यह रिक्शा 50 हजार रुपए का पड़ता है, जबकि फैक्टरी में बने ऐसे रिक्शे की लागत 70 से 80 हजार रुपए है। चूँकि सार्वजनिक परिवहन की कई सेवाओं को उन्नत किया जा रहा है, तो बैटरी से चलने वाला यह रिक्शा भी इस बदलाव का औजार बन गया है। यह जुगाड़ का रिक्शा अपने मलिक को दोपहर की चिलचिलाती धूप में भी काम करने की सुविधा देकर इस बिरादरी की आमदनी दोगुनी कर रहा

है। मजे की बात है कि इस नए रिक्शा को अपनानेवाले किसी रिक्शा मालिक ने किराए की दर नहीं बढ़ाई है।

> फंडा यह है कि असर तो वही होता है जो कि लोगों को नजर आए, फिर चाहे वह व्यक्ति हो अथवा प्रोडक्ट। जितना ज्यादा आय होगी, उतनी ही ज्यादा उस प्रोडक्ट की उम्र होगी, और उतनी ही उन व्यक्तियों की लोकप्रियता होगी।

यदि आप लोगों को क्षमा करें तो आपको बहुत फायदा होता है

गलतियाँ जीवन का हिस्सा हैं और कोई इससे बच नहीं सकता। चूँकि मेरे काम में यात्राएँ करना शामिल है, तो मेरी रोज की जिंदगी में ऐसी कई गलतियाँ मैं देखता रहता हूँ, खासतौर पर होटल व वायुसेवा कंपनियाँ जैसे एयर इंडिया (ए.आई.) और जेट एयरवेज (जेट) की सेवाओं में। पहले मैं विरोध किया करता था। किंतु फिर मैंने सीखा कि केवल क्षणिक माफी माँगे जाने के अलावा उसका कोई ज्यादा असर नहीं होता। इसलिए मैंने अपने रणनीति बदल दी। मैं उनकी कंपनी के बारे में बहुत कड़ा पत्र लिखता हूँ, लेकिन उसे मैं उस कर्मचारी अथवा लोकल लीडर को देता हूँ और उनसे कहता हूँ, मैंने आपकी कंपनी और कर्मचारियों के बारे में यह पत्र लिखा, क्योंकि मैं बहुत विचलित था और चाहता था कि आपको इसका अहसास हो, लेकिन कभी यह इरादा नहीं था कि मैनेजमेंट आपके खिलाफ कोई काररवाई करे। मैं उन्हें फटकारता हूँ, पर निजी स्तर पर, ताकि अन्य यात्री कभी यह देख नहीं पाएँ। उनकी प्रतिक्रिया को शब्दों में व्यक्त करना कठिन है। मुझे हुई असुविधा के लिए उन्हें वाकई खेद होता है, पश्चात्ताप साफ दिखाई देने लगता है, लेकिन उनकी आँखें यह आश्वासन देती लगती हैं, जब कोई अवसर आएगा तो मैं आपकी मदद करने के लिए अतिरिक्त प्रयास करूँगा।

वह अवसर ए.आई. और जेट दोनों के लिए इस शनिवार को आया, जब मैं अमृतसर से इंदौर आ रहा था। मेरी एयर इंडिया की उड़ान इंटरनेशनल रूट से जाने वाली थी और अमृतसर से वह सात बजे रवाना होने वाली थी और 8:10

बजे वह दिल्ली पहुँचने वाली थी। वहाँ से मैं इंदौर के लिए जेट की 9:25 बजे वाली फ्लाइट से जाने वाला था। परेशानियाँ तब शुरू हुईं, जब शाम 6:10 बजे मुझे बताया गया कि फ्लाइट 30 मिनट देर से रवाना होगी। मुझे पक्का पता था कि मेरी आगे की फ्लाइट छूट जाएगी, क्योंकि बीस मिनट में इमिग्रेशन, कस्टम्स से निकलकर इंटरनेशनल टर्मिनल से बाहर आकर फिर दिल्ली में घरेलू टर्मिनल में प्रवेश लेकर मेरी इंदौर फ्लाइट में सिर्फ 20 मिनट में सवार होना कठिन था, क्योंकि वे फ्लाइट जाने से 25 मिनट पहले बोर्डिंग गेट बंद कर देते हैं। लेकिन मैंने महसूस किया कि मुझे उम्मीद नहीं छोड़नी चाहिए और उन सारे लोगों से मदद माँगनी चाहिए, जिनसे मिलकर मैंने विरोध तो किया था, पर उन्हें माफ कर दिया था। पहले मैं बेंगलुरु, हैदराबाद और यहाँ तक कि कुछ अंतरराष्ट्रीय गंतव्य स्थानों के लिए कनेक्टिंग फ्लाइट वाले लोगों के जबरदस्त विरोध के बीच ए.आई. के ड्यूटी मैनेजर संजय वर्मा के पास गया और उन्हें मेरी स्थिति समझाई। उन्होंने किन्हीं लक्ष्मण सिंह जायसवाल को बुलाया, जो दिल्ली विमानतल पर ए.आई. के कर्मचारी थे और उन्होंने मेरे ए.आई. और जेट दोनों के बोर्डिंग कार्ड व्हाट्सएप किए, ताकि उन्हें पता लग सके कि मैं किस विमान से आ रहा हूँ और मुझे उस विशाल विमानतल परिसर में किस गेट से किस विमान में सवार होना है। लक्ष्मण के बॉस की भी अनुमति ली गई, क्योंकि इसमें दूसरी वायुसेना के यात्री की मदद का मामला था।

जब सारे यात्री चिल्ला रहे थे तो मैंने उन सबसे संपर्क किया, जिनका मैंने पहले कभी विरोध किया था, पर उन्हें माफ कर दिया था। मैंने जेट के दिल्ली स्थित ड्यूटी मैनेजर अखिल कोहली को फोन करके उन्हें अपनी स्थिति बताई। वे मौजूद नहीं थे पर उन्होंने इस विशाल विमानतल में मुझे लेने के लिए बैटरी कार बग्गी ऑपरेटर से लेकर बोर्डिंग गेट कर्मचारी और उनके ड्यूटी मैनेजर से मेरे आने का यथासंभव इंतजार करने को कहा।

एक्शन ड्रामा रात 8:50 पर शुरू हुआ। लक्ष्मण मेरे नाम का बोर्ड लेकर ए.आई. अरायवल पर मेरा इंतजार कर रहे थे। उन्होंने सिर्फ छह मिनट में सारी औपचारिकताएँ पूरी कर दीं और जितने संभव हो सकते थे, उतने शॉर्टकट से वे मुझे घरेलू टर्मिनल तक ले गए, जहाँ बग्गी मुझे लेने आई और तेजी से गेट की ओर ले गई और मैंने रात 9:10 बजे दरवाजे बंद कर दिए। ओह, कितनी राहत मिली! दोनों एयरलाइन ने मुझे किसी खास एयरलाइन का कस्टमर मानकर नहीं,

बल्कि उड़ान उद्योग का नियमित कस्टमर मानकर व्यवहार किया। दोनों ने मेरी मदद के लिए अतिरिक्त प्रयास किए, क्योंकि मैंने उनके साथ कभी अपशब्दों का प्रयोग नहीं किया।

> फंडा यह है कि लोगों को क्षमा कीजिए और फिर देखिए कि जब आप संकट में हों तो वे किस प्रकार कई मील चलकर आपकी मदद करते हैं।

☐

उन नायकों को बढ़ावा दें जो जिंदगियाँ बचाते हैं

कई फुटबॉल प्रेमियों के अनुसार केवल तीन टीमों में से कोई एक वर्ल्ड कप 2018 जीत सकती है। यह सीधा-सा गणित है। फ्रांस, इंग्लैंड या क्रोएशिया। जब आप यह कॉलम पढ़ेंगे, तब तक एक और टीम बाहर हो चुकी होगी।

लेकिन, दुनिया हमेशा 90 गोताखोरों सहित हजार से ज्यादा एक्सपर्ट के साथ थाईलैंड की फुटबॉल टीम के 11 से 16 वर्ष आयु के 12 लड़कों और उनके एक कोच की सराहना करेगी, जिन्होंने नियति के खिलाफ सबसे खतरनाक मैच 18 दिन, यानी कुल 432 घंटे चला, जिसमें ये लड़के नियति को गोल (यानी एक जिंदगी) का मौका दिए बगैर लड़ते रहे और उन्हें 13-0 से जीत मिली।

संघर्ष की शुरुआत तब हुई, जब 23 जून को प्रैक्टिस के बाद कोच उन्हें टीम बिल्डिंग एक्सरसाइज के लिए थाम लुआंग गुफा में ले गए। उन्होंने सपने में भी नहीं सोचा था कि भारी वर्षा और उसके कारण गुफा में पानी भरने से वे वहाँ अधिक भीतर तक जाने पर मजबूर होंगे और करीब चार किलोमीटर अंदर फँस जाएँगे। बिना किसी भोजन के सिर्फ पानी के सहारे—जो वहाँ बहुत था—वे वहाँ लगभग दस दिन फँसे रहे।

गुफा के बाहर बचाव दल ने उनके बैग, सैंडल, हाथों व पैरों की छाप देखी, जिससे भीतर उनकी मौजूदगी का संकेत मिला। अगले दिन भारी बारिश ने बचाव अभियान को रोक दिया। 27 जून को सेना व नौसेना के 1,000 सैन्यकर्मियों के साथ बचाव अभियान फिर शुरू हुआ। 1 जुलाई को कई ऑक्सीजन सिलेंडर लाकर एक ऑपरेशन बेस स्थापित किया गया। उम्मीद 2 जुलाई को तब नजर आई, जब साउथ एंड मिड वैल्स केव्स रेस्क्यू टीम के सदस्य ब्रिटिश गोताखोर

रिचर्ड स्टेंटन और जॉन वोलैंथान ने इस भूख से व्याकुल और थके हुए ग्रुप को 10 वर्ग मीटर की उभरी हुई चट्टान पर एक-दूसरे से सटकर खड़े देखा। 3 जुलाई को इन लड़कों तक भोजन, दवाइयाँ और कंबल पहुँच गए।

इस बीच, गुफा के बाहर कई कार्ययोजनाओं पर विचार-विमर्श चल रहा था। वे जानते थे कि बहुत लंबा हिस्सा पानी और अँधेरे में डूबा होने के साथ मीलों लंबे भूमिगत मार्ग में दर्जनभर बच्चों को गाइड करना बहुत कठिन है, खासतौर पर तब जब उनमें से कई लड़कों को तैरना भी नहीं आता। याद रहे कि हर व्यक्ति को पानी में डूबे हिस्से को तैरकर पार करना था, फिर अगले पानी के हिस्से तक पैदल चलना था और फिर पानी में गोता लगाना था। उन्हें तैरने की यह प्रक्रिया बार-बार दोहरानी थी, लेकिन बारिश की रफ्तार ने उन्हें डरा दिया, फिर कार्बन डाइऑक्साइड के बढ़ते स्तर की भी चिंता थी। बचाव दल के साथ तब त्रासदी घटी, जब फँसे लोगों को एयरटैंक देने गया थाई नौसेना का गोताखोर लौटते समय ऑक्सीजन खत्म होने के कारण जान गँवा बैठा। उन्होंने 8 जुलाई को ही बचाव अभियान शुरू करने का फैसला किया।

चालीस एक्सपर्ट गोताखोर थाईलैंड के थे और शेष विदेशों से आए थे। इनमें से प्रत्येक ने पाँच घंटे तक बार-बार तैरने की प्रक्रिया दोहराई। लौटते समय तो उनके कंधों पर बच्चों व कोच को जीवित लाने की महत्त्वपूर्ण जिम्मेदारी भी थी। बँटी हुई दुनिया के एकजुट होने का इससे बेहतर उदाहरण नहीं हो सकता। जीत की इस कहानी में हम भारतीय भी थोड़ा गर्व कर सकते हैं कि भारत के किर्लोस्कर ब्रदर्स लिमिटेड की गुफा में से पानी निकालने की विशेषज्ञता ने भी बहुत बड़ी भूमिका निभाई।

मुंबई में जब भारी बारिश के कारण पिछले चार दिन ज्यादातर हिस्से पानी में डूबे रहे तो पशुओं अथवा लोगों को मदद पहुँचानेवाले हर व्यक्ति के लिए मेरे मन में अचानक बहुत सम्मान की भावना पैदा हुई।

फंडा यह है कि मानव की जान बचानेवाले हों या पशुओं की, आपके शहर में हर ऐसे व्यक्ति की सराहना कीजिए और उसे प्रोत्साहित कीजिए।

□

अच्छे कर्म आपको बना देते हैं 'गॉड ऑफ स्मॉल थिंग्स'

पहली कहानी : इस सोमवार को 'आषाढ़ एकादशी' मनाई जाएगी, नागपुर से 60 किलोमीटर दूर कटोल में रहने वाले 70 वर्षीय अरुण व्यास, जिनका परिवार 150 साल पहले राजस्थान से आया था, भी विशेष पूजा के साथ आषाढ़ एकादशी मनाएँगे, लेकिन अपनी दैनिक रस्मों के पूरा होने के बाद। बरसों से हर सुबह वे एक रस्म का पालन करते रहे हैं। पौ फटने से काफी पहले हाथ में प्लास्टिक की बाल्टी और घमेला लेकर वे 38 मकानों की उस गली से गुजरते हैं, जिसके पहले मकान में वे रहते हैं।

वे हर घर के सामने ठहरते हैं और घर की उम्र में सबसे छोटी महिला को नाम से पुकारते हैं। वह तत्काल दौड़कर बाहर आती है और 'घमेला' में रात की बची हुई रोटियाँ और बाल्टी में बची हुई अन्य सब्जियाँ व दाल डालती है। कोई उन्हें इनकार करना पसंद नहीं करता। सच तो यह है कि रात के भोजन से पहले ही वे व्यास को देने के लिए कुछ निकालकर रख देते हैं। बदले में व्यास ढेर सारे आशीर्वाद व मुसकान के साथ उन महिलाओं को बेल पत्ती, दूर्वा और फूल देते हैं, जो पिछली रात वे अपने खेत से लाकर रखते हैं। वे ऐसा करके उस परंपरा को जारी रख रहे हैं, जो राजस्थान के ज्यादातर शहरों में अपनाई जाती है। गली के आखिर में एक किलोमीटर से थोड़ी दूरी पर 'काउ शेल्टर' है। वे बचा हुआ भोजन इकट्ठा करके शेल्टर की 40 गायों को देते हैं। इस परंपरा का पालन उनके गृह राज्य में बहुत शिद्दत से किया जाता है। व्यास के पूर्वज जब कटोल आए थे, तो उनके पास कुछ नहीं था। आज उनके पास 50 एकड़ जमीन है और वे काफी हद तक संपन्न किसान कहे जा सकते हैं। फिर भी वे वह रस्म जारी रख रहे हैं, जो आधुनिक पीढ़ी को अजीब लगती है।

आप मानें या न मानें, पर पैसा कुछ तो अहंकार बढ़ा देता है और विनम्रता को भी कुछ स्तर नीचे घटा देता है। लेकिन, इस समृद्ध व्यक्ति के लिए यह बहुत छोटा काम

है, जबकि हमारे जैसे लोगों के लिए यह कठिन है। इससे गायों को तो भोजन मिल जाता है, शेष भोजन का भी उपयोग हो जाता है। इसके साथ ही जो महिलाएँ चाहकर भी प्रतिदिन गाय को रोटी नहीं दे पातीं, उन्हें वे अपराध भाव से भी मुक्त कर देते हैं। वैसे भी गाय को रोटी देना हमारी भारतीय परंपरा का हिस्सा रहा है। व्यास का मानना है कि जब अगली पीढ़ी हमारी परंपराओं, रस्मों का पालन होते देखती है तो हमारी आस्थाओं पर उनकी श्रद्धा कई गुना बढ़ जाती है।

दूसरी कहानी : हाल ही में मेरी राजस्थान यात्रा के दौरान उदयपुर से लिया ड्राइवर जिस तरह ड्राइविंग कर रहा था, उसने मुझे गहराई तक विचलित कर दिया। उसमें ट्रैफिक का कोई सेंस न होने के कारण वह इतनी लापरवाही से वाहन चला रहा था कि आसानी से कोई दुर्घटना घट सकती थी। वास्तव में दो मौकों पर हमारा वाहन दुर्घटना का शिकार होने से बाल-बाल बचा। दो घंटे की यात्रा के बाद मैंने हाल ही में स्वेच्छा से सेवानिवृत्ति लेने वाले राजस्थान सरकार के कर्मचारी रहे प्रकाश कोठारी से शिकायत की, जो मुझसे मिलने आए थे। उन्होंने तत्काल अपनी सेवाएँ देनी की पेशकश कर दी, इस शर्त के साथ कि उनकी कार छोटी है। मेरे राजी होने पर उन्होंने मुझे लेकर 184 किलोमीटर की दूरी तय की, जिसका मतलब था कि मुझे छोड़ने के बाद उन्हें लौटते समय उतनी ही दूरी अकेले तय करनी थी। पूरी यात्रा के दौरान उन्होंने एक बार भी हॉर्न नहीं बजाया (भारत में पैदल चलनेवालों और कार मालिकों में जैसा रोड सेंस है, उसे देखते हुए यह शानदार उपलब्धि थी)। उन्होंने कहा कि उन्हें किसी को डराना बिल्कुल पसंद नहीं है, फिर वह रोड हो या काम की जगह। जाहिर तौर पर उनका मानना था कि लोग सरकार के पास पाने आते हैं और उन्हें डराकर भगा देने से तो किसी को लाभ नहीं होता। किसी सरकारी कर्मचारी के लिए तो यह दुर्लभ गुण है। उनके लिए मेरे मन में सम्मान तब और बढ़ गया, जब मैंने देखा कि उन्होंने सारे टोल शुल्क चुकाए, जबकि वे अपना पुराना सरकारी कार्ड दिखा सकते थे। उन्होंने कहा कि चूँकि वे रिटायर हो चुके हैं, तो नौकरी से उन्हें जो भी लाभ मिलते थे, वे उनका इस्तेमाल न करने को तरजीह देते हैं।

> फंडा यह है कि हममें हर कोई ऐसे अन्य लोगों के लिए गॉड ऑफ स्मॉल थिंग्स हो सकता है, जिन्हें मदद और देखभाल की जरूरत होती है।

लोगों को जीवन में दूसरा मौका देने के लिए उन्हें किसी चीज से सशक्त बनाएँ

जब कोई बात विचलित करती है तो हममें से हर व्यक्ति में कुछ अच्छा करने की भावना पैदा होती है। यह भावना अपने चरम पर तब होती है, जब हम कार की पिछली सीट पर बैठे होते हैं, ड्राइवर दफ्तर ले जा रहा होता है और तभी किसी ट्रैफिक सिग्नल पर कोई गरीब बेसहारा बच्चा खिड़की के काँच को खटखटाकर भोजन या पैसा माँगता है। लेकिन ट्रैफिक सिग्नल हरा होने के कारण कार चल पड़ती है। हम दफ्तर पहुँच जाते हैं और वह भावना धीरे-धीरे लुप्त हो जाती है, क्योंकि दफ्तर की जवाबदारियाँ हमारे अच्छे विचार पर हावी हो जाती हैं। विचार का चक्र अगले दिन फिर लौट आता है जब हम उसी रास्ते में जा रहे होते हैं। सोशल वर्क में मास्टर डिग्री हासिल करनेवाले रत्नाकर साहू ने उन अच्छे विचारों को विकसित करने की ठानी। उन्होंने कोई हुनर और काउंसिलिंग देने के लिए ऐसे बच्चों को इकट्ठा किया, जो कभी-कभी एक से अधिक लतों के शिकार होते हैं, ताकि उन्हें जीवन में दूसरा मौका मिले और अंततः सामाज में उन्हें स्वीकार कर लिया जाए। जनवरी 2014 में गठित साहू का एन.जी.ओ 'आशाएँ' सड़कों पर घूमने वाले हर बच्चे को समान रूप से शिक्षा, विकास और गरिमा का जीवन देने पर ध्यान केंद्रित कर रहा है। शुरुआत छह महीने से ज्यादा चली पालकों की काउंसिलिंग से हुई, जिसमें उन्हें यह समझाया गया कि भीख माँगने और दैनिक मजदूरी से आगे भी जिंदगी है। एन.जी.ओ. के सदस्य रोज शाम को 5 से 8 बजे तीन घंटे भुवनेश्वर की सड़कों पर बिताते और उनकी रोज की व्यवहारगत आदतों

पर काम करते हैं। प्रवेश की प्रक्रिया सुगम बनाने के लिए स्थानीय अभिभावक बने टीम के सदस्यों ने पहली बार एकत्रित किए 46 बच्चों में से 30 बच्चों का आधार कार्ड पंजीयन करवाया, उसमें से सभी बाद में स्कूल में दाखिल हुए। उनमें से सबसे प्रखर बुद्धि के राजू बेहेरा ने स्कूल की पढ़ाई कर ली और इस साल वह पास के कॉलेज में कॉमर्स पढ़ रहा है।

पैंतीस सदस्यीय टीम स्ट्रीट शो, जागरूकता कार्यक्रम, स्ट्रीट मूवी आयोजित करती है, बच्चों को आसपास टूर पर ले जाती है, वे इस प्रकार बच्चों को खेल, कलाएँ और कौशल सीखने के लिए बढ़ावा देते हैं। स्थानीय मीडिया ने एक टीम बनाई और उनके साथ मैच खेले, जिसकी रिपोर्ट उन्होंने प्रकाशित की। इससे बच्चों को अपनी लतों से पूरी तरह पिंड छुड़ाने में मदद मिली और उनके व्यवहार में बहुत बड़ा फर्क आया। आज 'आशाएँ' में 160 बच्चे हैं, जो उनके शाम के सत्रों में हाजिर होते हैं, क्योंकि अन्य बच्चे भी अपनी जिंदगी में दूसरा अवसर चाहते हैं। एक अन्य उदाहरण में भुवनेश्वर के ही 65 वर्षीय आदित्य मोहंती बच्चों के लिए 'अदुता होम' चलाते हैं, जिसने ओडिशा भर में कई ऐसे सेंटर खोले हैं, ताकि यह सुनिश्चित हो कि देखभाल से वंचित ज्यादातर बच्चों को प्रेम और देखभाल मिल सके। भुवनेश्वर, कटक और पुरी सहित 11 सेंटर के 485 बच्चों को 'अदुता होम' 22 वर्ष की उम्र तक आश्रय देता है और यह सुनिश्चित करता है कि उन्हें श्रेष्ठतम कॉलेज और प्रतिष्ठित स्कूल मिले ताकि वे भावनात्मक और शैक्षिक रूप से मजबूत हो सकें।

मजे की बात है कि सेंटर विभिन्न कला मंडलियाँ निर्मित करता है, जो दुनियाभर में प्रदर्शन करके प्रशंसा व अवॉर्ड हासिल करती है। इन मंडलियों को सिंगापुर के 'टेम्पल ऑफ फाइन आर्ट्स' सेन फ्रांसिस्को की ओडिया सोसायटी और इंडोनेशिया के बाली में नियमित रूप से आमंत्रित किया जाता है। अगरतला की सेंट्रल यूनिवर्सिटी में फिलॉसफी के प्रोफेसर रहे मोहंती ने 1988 में बच्चियों की देखभाल के लिए सेंटर की शुरुआत की थी, जिन्हें विकसित होने के लिए देखभाल के अलावा सुरक्षित माहौल की भी जरूरत होती है। 'सुलभ इंटरनेशनल' और अमेरिका के सिएटल स्थित 'आशा फॉर एजूकेशन', 'अदुता होम' के दो प्रमुख आर्थिक योगदान देने वालों में शामिल हैं। इनके अलावा यह सामुदायिक समर्थन से भी फल-फूल रहा है। मोहंती चाहते हैं कि उनकी यूनिट को चाइल्ड केयर के क्षेत्र

में विश्वस्तरीय संस्थान की पात्रता मिले और वे अपने अनुभव उन संगठनों से साझा करें, जिनके इसी प्रकार के लक्ष्य हैं, छोटे-छोटे कदम बड़े बदलाव ला सकते हैं, खासतौर पर जब उन बच्चों की बात हो, जो अपना भविष्य लगभग गँवा चुके हैं।

> फंडा यह है कि कोई व्यक्ति सिर्फ ऐसी किसी चीज से सशक्त बनाकर कई जिंदगियों के भविष्य को बचा सकता है, जो उनके पूरे जीवन की केयर कर सके।

कुछ निर्जीव चीजों में भी जीवन होता है!

बेंगलुरु निवासी एच.एन बासवाराजू ने उनके ही महानगर में स्थित पीन्या इंडस्ट्रीयल एसोसिएशन की सचिव सी.के. भाव्या को 14 जुलाई, 2016 को स्पीड पोस्ट भेजी। हालाँकि यह उसी एसोसिएशन के वाइस प्रेसीडेंट एस.के. शिवराम को डिलीवर हुई। पोस्टमैन को एसोसिएशन की सील लगाकर प्राप्ति की रसीद दी गई। लेकिन बासवाराजू बेंगलुरु ग्रामीण, शहरी और अतिरिक्त जिला उपभोक्ता विवाद निवारण मंच के पास गए और बेंगलुरु के पोस्ट मास्टर जनरल और स्पीड पोस्ट प्राप्त करनेवाले एसोसिएशन के वाइस प्रेसीडेंट के खिलाफ प्रकरण दर्ज करने की माँग करने लगे। उन्होंने गलत डिलीवरी के लिए 12,500 रुपए के हरजाने की माँग की! पिछले शुक्रवार को पोस्ट मास्टर जनरल उपभोक्ता मंच के सामने पेश हुए और पूछताछ के दौरान उन्होंने दलील दी कि पोस्ट एसोसिएशन के वाइस प्रेसीडेंट को इसलिए डिलीवर की गई, क्योंकि सेक्रेटरी दफ्तर में नहीं थी। इसलिए पोस्टमैन के स्तर पर लापरवाही नहीं बरती गई। उन्होंने उपभोक्ता मंच से शिकायत खारिज करने की अपील की, जो मान ली गई। मामले की कारवाई में यह बात स्थापित हुई कि पोस्टमैन की जिम्मेदारी पैकेट सही पते पर पहुँचाने की थी, न कि अनिवार्य रूप से संबंधित व्यक्ति को सौंपने की।

इससे मुझे तमिलनाडु के तंजावुर जिले स्थित मंदिरों के शहर कुंभकोणम के पोस्टमैन शिवरामन की याद आई। कुंभकोणम में मैं 60 से 70 के दशक में अपने ग्रैंडपेरेंट्स के साथ गरमियों की छुट्टियाँ बिताया करता था। यह पोस्टमैन घर में किसी को भी डाक दे दिया करता था। अपवाद सिर्फ यह था कि यदि डाक पर मेरी दादी का

नाम लिखा होता तो वह डाक उन्हें ही देता, क्योंकि वे अशिक्षित थीं और पोस्टमैन को पत्र उन्हें पढ़कर सुनाना भी पड़ता था। इस सेवा के बदले में उसे एक गिलास छाछ और बच्चों के लिए कुछ खाने की चीजें मिलतीं। कई बार जब वह पत्र पढ़ रहा होता या छाछ पी रहा होता तो मैं और मेरे कुछ दोस्त दौड़कर डाक बाँटने का काम कम-से-कम हमारी गली में तो कर ही देते थे। हमें ऐसा लगता, जैसे हमने कोई महान् सामाजिक कार्य किया है। वह गौरव की भावना कुछ मिनटों बाद उसी पोस्टमैन द्वारा ध्वस्त कर दी जाती, क्योंकि वह हर उस घर में जाता जहाँ हम गए होते और पूछता, क्या आपको वह डाक मिली, जो बच्चों के हाथों में मैंने भेजी थी? सकारात्मक पुष्टि होने के बाद वह अगली गली में जाता। जिन घरों के लिए उस दिन कोई पत्र नहीं होता तो वह सड़क से ही जोर से आवाज लगाकर कहता, 'सर, अम्मा, आपके लिए आज कोई पत्र नहीं है।'

एक दिन जब हमने हम पर भरोसा न दिखाने का विरोध किया तो मेरी दादी की ओर इशारा करते हुए उसने कहा कि कैसे उसकी पूछताछ से उन लोगों में करुणामय भावना पैदा होती है। जिनके बच्चे दूर मद्रास (अब चेन्नई) अथवा बॉम्बे (अब मुंबई) में हैं। पत्र लोगों को जोड़ने वाला एकमात्र माध्यम था, क्योंकि टेलीफोन उन दिनों दुर्लभ था। तब से मैंने हमेशा गौर किया कि कैसे पत्र जैसी निर्जीव चीज में जीवन होता है और कैसे यह पेरेंट्स के हाथों में सौपे जाने पर चेहरे पर भावनाएँ ला देता है और कैसे पोस्टमैन दो लोगों के बीच 2000 किलोमीटर की दूरी में जीवंतता ला देता है। क्या आपने पत्र को खोलते ही पाठक की आँखों में आई चमक देखी है, जिसमें एक स्टैंडर्ड लाइन होती है—हम यहाँ कुशल हैं और आपके लिए भी यही उम्मीद रखते हैं। यह है शब्दों का जादू! शिवरामन ने हमें अहसास कराया कि पत्र की कीमत सिर्फ 15 पैसे नहीं है, क्योंकि उस पर लिखे शब्द उम्मीद जगाते हैं, रिश्ता बनाते हैं और दो लोगों के बीच परस्पर आदर की भावना निर्मित करते हैं, जो लाखों मील दूर हैं। इसे उस दौर में जनमे हममें से कुछ लोग समझ सकते हैं।

फंडा यह है कि पत्र जैसी कुछ निर्जीव चीजों में जीवन होता है, क्योंकि वे शब्द प्रेम और करुणा के वाहक होते हैं।

□

आसपास घट रही सिर्फ घटनाएँ नहीं, जीवन के सबक हैं

तैंतीस वर्षीय विक्रम खन्ना एक फर्म 'खन्ना एसोसिएट्स' चलाते हैं, जो पुणे के नारायण पेठ के अत्यंत व्यस्त व्यावसायिक क्षेत्र लक्ष्मी रोड में निर्माण सामग्री सप्लाई करती है। कृपया उनकी उम्र पर गौर कीजिए—युवा, आक्रामक और अपने आप में कामयाब आंत्रप्रेंयोर। उनकी दुकान के सामने गूलर का एक वृक्ष उग आया था, जो न सिर्फ व्यस्त फुटपाथ के बड़े हिस्से पर फैल गया था, बल्कि जिसके कारण पैदल चलनेवालों को ट्रैफिक के बीचोबीच चलना पड़ता था और जो कई नागरिकों के लिए बहुत असुविधाजनक था, लेकिन इसके साथ पूरी तरह बढ़ गई शाखाओं के कारण तीन मौकों पर दुकानों व दफ्तरों की खिड़कियों के काँच फूटे हैं। इसकी जड़ें ड्रेनेज लाइन में चली गई थीं, जिसके कारण स्थानीय महानगर पालिका को प्राय: वहाँ ड्रेनेज समस्याओं पर ध्यान देना पड़ता है। खन्ना सिर्फ यह चाहते थे कि इस मुद्दे पर ध्यान दिया जाए, लेकिन उनकी यह साधारण गुजारिश भी उतनी आसान नहीं थी।

उन्होंने इस साल 3 जनवरी को पहला आवेदन दिया था। कुछ शाखाओं ने कॉम्प्लेक्स में एक खिड़की तोड़ दी थी। उसके बाद तो उन्होंने एक के बाद एक सात आवेदन दिए, लेकिन अधिकारियों ने वे सभी खारिज कर दिए। हर बार बहाना अलग था। यह थोड़ा जटिल मामला था, इसलिए फैसला यह लेना था कि पेड़ को या तो छाँट दिया जाए या काट दिया जाए। पेड़ गिराने के फैसले में तो कानूनी जटिलताएँ थीं, इसलिए खन्ना पेड़ को छाँटने-काटने में उलझना नहीं चाहते थे और यह फैसला उन्होंने अधिकृत संस्था 'ट्री अथॉरिटी' पर छोड़ दिया

था। लेकिन इसके अधिकारी लगातार उन्हें बैरंग लौटाते रहे, हर बार नए कारण बताकर। इस तरह अनकी गुजारिश लगातार खारिज होती रही। आखिर खन्ना दफ्तरों के चक्कर लगाकर थक गए और इस शनिवार 21 जुलाई, 2018 को जब वे एक और आवेदन लेकर दफ्तर पहुँचे तो वे अपना धैर्य खो बैठे। अजीब बात थी कि उनके ठप्पा लगे आवेदन की प्रति पर लिखा था—'विचाराधीन।' वे जानना चाहते थे कि यह शब्द कैसे लिखा जा सकता था, जब एक भी वरिष्ठ अधिकारी उपस्थित नहीं था? वे यह भी जानना चाहते थे कि यदि मुद्दा विचाराधीन था तो इसके पक्ष या विपक्ष में फैसला कब लिया जाएगा? उनका कहना था कि सरकारी दफ्तरों में रिस्पोंस के इस जैसे अभाव के कारण ही कई लोग बिना इजाजत पेड़ काट डालते हैं, जिससे शहर की हरियाली का आवरण प्रभावित होता है।

उन्होंने आदेश मिलने तक वहीं बैठे रहने का निश्चय कर लिया। चूँकि शनिवार को आधे दिन का अवकाश होता है तो दफ्तर के कर्मचारियों ने उन्हें झूठे वादे करके भगाने का प्रयास किया, लेकिन उन्होंने जाने से इनकार कर दिया। चूँकि उन्होंने जाने से इनकार कर दिया और वे उन्हें भीतर बंद भी नहीं कर सकते थे तो उन्होंने पुलिस को बुला लिया पर खन्ना अहिंसक रूप से अटल रहे और उस शाम देर तक डटे रहे। जब उन्होंने अपनी शिकायतों की सूची पुलिस को दी तो वे भी चले गए, क्योंकि वे जान गए थे कि उनका विरोध प्रदर्शन जायज है। आखिरकार परेशान पुणेकर की गांधीगीरी रंग लाई और रात करीब आठ बजे उन्हें अधिकारियों की ओर से पत्र मिला कि रविवार, 22 जुलाई, 2018 को पेड़ की छँटाई होगी और उन्होंने अंतत: बॉलीवुड की फिल्म के किसी नाटकीय दृश्य की तरह छुट्टी के दिन वह काम किया। मेरे लिए यह कहानी आम आदमी द्वारा सरकारी नौकरशाही से हिंसक हुए बिना सामना करके सफल होने की नहीं है। इसमें इससे भी ज्यादा कुछ है। इसने सिखाया कि क्यों आपको उस बात के लिए दृढ़ता दिखानी चाहिए, जिसके बारे में आपको लगता है कि वह बिल्कुल सही बात है! क्यों हमें नैतिक कारणों के लिए लड़ना चाहिए, क्यों हमें नैतिक कारणों से कानून पारित या खारिज करने चाहिए, क्यों हमें छोटी सफलताओं पर अपनी छाती नहीं ठोंकनी चाहिए, क्यों हमें मानव की तरह काम करने चाहिए,

क्यों बुद्धिमत्ता हासिल करना हमारी आकांक्षा होनी चाहिए और इसे कभी कम करके नहीं आँकना चाहिए और अंत में क्यों हमें हमेशा अच्छी तरह सूचना संपन्न रहना चाहिए?

> फंडा यह है कि मुझे शक्ति दो, उसे स्वीकारने की, जो मैं बदल नहीं सकता; हिम्मत दो, उसे बदलने की, जो मैं बदल सकता हूँ।

आपकी सितारा हैसियत का एक कारण साहस होता है

याद है, 2012 में रिलीज हुई 2 घंटे 14 मिनट की बॉलीवुड फिल्म 'तलाश', जिसमें पूरी फिल्म में हीरो आमिर खान अपनी और पत्नी (रानी मुखर्जी) की आँखों के सामने अपने बेटे को डूबने से न बचा पाने के लिए खुद को कोसते हैं। एक विशेष दृश्य में आमिर और रानी रेत पर लेटे हैं और आराम करने की कोशिश कर रहे हैं। उनका बेटा और उसका दोस्त झील के आसपास घूमने की अनुमति माँगते हैं और उनके लिए कोई खतरा होने की बात पर विचार किए बिना रानी उन्हें अनुमति दे देती है। दोनों बच्चे संयोग से एक मोटरबोट में बैठकर उसे चालू कर देते हैं। वह थोड़ी देर चलती है और झील के मध्य में उलट जाती है। पानी पर जोर से छपाक की आवाज से दोनों चौंक जाते हैं और जलाशय में कूदकर उन्हें बचाने की कोशिश करते हैं। वे अपने बेटे के दोस्त को तो जैसे-तैसे बचा लेते हैं, पर अपने ही बेटे करण को नहीं बचा पाते। आमिर खान ने फिल्म में इंस्पेक्टर की भूमिका निभाई है, जिसने पुलिस इतिहास के सबसे कठिन मामलों को सुलझाने का साहस दिखाया है, पर उन्हें जो सितारा लगता है कि मानसिक स्तर पर क्षणिक असावधानी की कीमत उन्हें बेटे करण की जान देकर चुकानी पड़ी। इंस्पेक्टर की भूमिका में उन्हें हैसियत मिली हुई थी, उसके बावजूद वह लगभग इस पटकथा जैसी ही रीयल लाइफ स्टोरी 24 जुलाई, 2018 को घटी। फर्क सिर्फ यह था कि यहाँ नायक नहीं, नायिका थी और वह भी 9वीं कक्षा की छात्रा। सारी विपरीत स्थितियों के बावजूद उसने प्रेजेंस ऑफ माइंड (तत्परता) और साहस दिखाते हुए एक किसान के तीन वर्षीय बेटे की जान बचाई। इस मंगलवार को कोलकाता से 220 किमी. दूर नारायणगढ़ म्युनिसिपल

स्कूल में अंग्रेजी का पहला पीरियड शुरू ही हुआ था। गरीब किसान की बेटी रुम्पा प्रामाणिक कक्षा की खिड़की के पास बैठी नोट्स लेने का प्रयास कर रही थी। हालाँकि आँखों के किनारे खिड़की से बाहर भटक रहे थे। उसने एक बच्चे को तालाब के पास आते देखा। उसके प्रेजेंस ऑफ माइंड ने उससे यह देखने को कहा कि क्या बच्चे के साथ कोई है? लेकिन इससे पहले कि वह चेहरा पूरा घुमाकर आसपास देखे, उसकी आँखों ने छपाक के साथ पानी को उछलते देखा और अगले ही पल बच्चा तालाब में था।

रुम्पा ने एक पल भी नहीं सोचा और बिना इजाजत कक्षा से बाहर चली गई, वह ऐसे दौड़ी, जैसे खुद की जिंदगी बचाने के लिए दौड़ रही हो। इससे पहले कि हक्के-बक्के रह गए शिक्षक बाहर आकर देखते कि समस्या क्या है, रुम्पा तालाब तक की 50 मीटर की दूरी तय कर चुकी थी। इसके बावजूद कि उसका स्कूल यूनिफॉर्म आदिवासी पहनावे की तरह कसी हुई साड़ी थी, जब वह तालाब के किनारे पहुँची, रुम्मा ने दो छोटे-छोटे हाथ पानी की सतह पर छींटे डालते देखे। उसने गोता लगाया, बच्चे की बाँह पकड़ी और धीरे-धीरे तैरकर किनारे आ गई। बच्चा बेहोश था। तब तक शिक्षक और कुछ स्थानीय लोग तालाब के किनारे पहुँच चुके थे। उन्होंने कार्डियो-पल्मनरी रिससिटेशन (सी.पी.आर.) करके बच्चे को छाती के बल लिटा दिया। तब रुम्पा ने देखा कि यह छोटा बच्चा तो पड़ासी किसान का इकलौता बेटा राहुल है। कुछ मिनटों के बाद उसने अपने हाथ हिलाने शुरू किए। राहुल को तेजी से डॉक्टर के पास ले जाया गया और फिर राज्य शासन के हैल्प सेंटर पर ले जाया गया, जहाँ उसकी स्थिति नियंत्रण में आई। एक अन्य घटना में केंद्रीय रेल मंत्री पीयूष गोयल ने इस बुधवार को अपने ट्वीट में आर.पी.एफ. कांस्टेबल राजकमल यादव की तारीफ की, जिन्होंने एक महिला को मुंबई के कांजुर मार्ग उपनगरीय रेलवे स्टेशन पर फिसलकर ट्रेन के नीचे जाने में बचाया। रुम्पा और यादव, दोनों को कई लोग सिर्फ उनके 'प्रेजेंस ऑफ माइंड' के लिए जानते हैं।

फंडा यह है कि तत्काल मौके पर फैसला करना ही साहस है और निश्चित ही यह सितारा हैसियत दिलाने का कारण होता है।

□

जब कोई सफेद शर्ट पहनता है तो लोगों को दाग क्यों दिखते हैं?

पिछले हफ्ते महाराष्ट्र सरकार ने अपने ऐसे सभी कर्मचारियों को एक सर्कुलर जारी किया, जो सरकारी क्वार्टर्स, अपार्टमेंट या बँगलों में रह रहे हैं और संबंधित सरकारी विभाग ने एक से दूसरे शहर में उनका तबादला किया है या उन्होंने तबादला चाहा है तो उन्हें एक ऐसी एजेंसी से 'ड्यूज' सर्टिफिकेट लेकर जमा करना होगा, जिसकी कोई कल्पना नहीं कर सकता। वह एजेंसी है—महाराष्ट्र स्टेट इलेक्ट्रिसिटी डिस्ट्रीब्यूशन कंपनी (एम.एस.ई.डी.सी.एल.)!

जब तक वे एम.एस.ई.डी.सी.एल. का 'नो ड्यूज सर्टिफिकेट' प्रस्तुत नहीं करते, सरकारी आवास में रह रहे सरकारी कर्मचारी को मौजूदा कार्यस्थल से मुक्त नहीं किया जाएगा और नई जगह पर ज्वॉइन नहीं होने दिया जाएगा। इसके साथ उन्हें बिजली बिल भरने की नवीनतम रसीद भी जमा करनी होगी। सर्कुलर में सख्ती से कहा गया है, कर्मचारी को काम की जगह से तब तक मुक्त नहीं किया जाएगा, जब तक कि वह इस नियम का पालन नहीं करता।

आश्चर्य हुआ न कि ऐसा कदम क्यों उठाया गया? एक छोटी सी घटना जानकर आपकी भृकुटियाँ तन जाएँगी। अक्तूबर 2017 में जब देशभर में दिवाली मनाई जा रही थी, एम.एस.ई.डी.सी.एल. को पुणे के पॉश इलाके क्वींस गार्डन में रह रहे सरकारी अधिकारियों के पाँच फ्लैट्स की बिजली सप्लाई काटनी पड़ी, क्योंकि उन्होंने 43 हजार से डेढ़ लाख रुपए तक के बिजली बिल नहीं भरे थे। उस फ्लैट में पहले रहे अधिकारियों के भुगतान न करने से इतना बिल इकट्ठा हो गया था। माना यह जाता है कि कई महीनों तक बिल न भरने के बाद भी उन्होंने अपने पद का दुरुपयोग कर बिजली कंपनियों के कर्मचारियों को उनकी बिजली आपूर्ति काटने से रोका। यह कोई

नई घटना नहीं थी, बल्कि राज्य भर में ऐसे कई मामले देखने के बाद सरकार को इस प्रकार का नया सर्कुलर जारी करना पड़ा।

इस बीच एम.एस.ई.डी.सी.एल. ने आधिकारिक रूप से कहा है कि राज्य भर में सरकारी आवास में बकाया बिजली का बिल करोड़ों रुपए में है। उसके लिए कर्मचारी की जिम्मेदारी तय करना बहुत कठिन हो गया है, क्योंकि बिजली का इस्तेमाल करनेवाला कर्मचारी तो पहले ही जा चुका है अथवा सेवानिवृत्ति के सारे फायदे लेकर रिटायर हो चुका है। चूँकि मीटर संबंधित सरकारी विभाग के नाम पर है तो पुराना कर्मचारी बकाया राशि देने के प्रति उदासीन रहता है, क्योंकि उसने तो उसका इस्तेमाल नहीं किया। इस प्रकार ब्याज जोड़ने के बाद कुल राशि करोड़ों रुपए में चली गई।

यह सही नहीं है कि सरकारी आवास में रहनेवाले सारे ही सरकारी कर्मचारी ऐसा करते होंगे, लेकिन सरकारी कदम पर सवाल खड़ा हो गया है। मैं यह 27 जुलाई को लिख रहा हूँ, जो पूर्व राष्ट्रपति डॉ. ए.पी.जे. अब्दुल कलाम की पुण्यतिथि है, जिन्होंने उनसे मिलने आने वाले रिश्तेदारों का सारा खर्च अपनी जेब से दिया था, जिनमें उनके 80 वर्ष से ज्यादा की उम्र के भाई और नौ वर्षीय भतीजा भी शामिल थे। वे 52 लोग थे, जो राष्ट्रपति भवन में करीब दस दिन रहे थे। वे अजमेर शरीफ दरगाह जाना और दिल्ली में कुछ शॉपिंग करना चाहते थे। उन्होंने उन्हें कभी सरकारी वाहन उपलब्ध नहीं कराया। वे जिन कमरों में रहे, डॉ. कलाम ने उनका किराया चुकाया, उन्हें दिए गए चाय के हर कप का भुगतान उन्होंने किया और यह राशि करीब 3.52 लाख रुपए हुई। ध्यान रहे, वे राष्ट्रपति थे। उनके सिर्फ मौखिक आदेश से ही उनके हर रिश्तेदार को पाँच सितारा मेजबानी मिलती, लेकिन उनकी सोच अलग थी। वे सच्चे और ईमानदार व्यक्ति थे। उन्होंने न सिर्फ अपने परिवार को सत्ता के जाल से बचाया, बल्कि अपने किसी रिश्तेदार को फायदा देने के लिए अपनी हैसियत का कभी दुरुपयोग नहीं किया। यही कारण है कि आज भी किसी को उनकी सफेद शर्ट पर दाग नहीं दिखते।

> फंडा यह है कि सिर्फ सफेद शर्ट पहनने और सफेद कार में सफर करने से किसी के बारे में अच्छी धारणा नहीं बन सकती। यदि उसकी व्यक्तिगत आदतें साफ-सुथरी नहीं हैं तो लोगों को उस सफेद शर्ट पर दाग नजर आएँगे।

खुशी एक गंभीर मामला है

रिसर्च से साबित हुआ है कि खुशी लगभग हर बिजनेस का नतीजा बढ़ाती है : बिक्री में 37, उत्पादकता में 31 और काम में अचूकता में 19 फीसदी का इजाफा देखा गया है। इसके साथ बहुत से स्वास्थ्यगत और जीवन की गुणवत्ता संबंधी सुधार पाए गए हैं। यही वजह है कि आर.पी.जी. ग्रुप के हर्ष गोयनका खुशी को गंभीरता से लेते हैं, 'हर्ष का विचार मेरे मन में मंगलवार देर रात आया, जब मेरे फोन पर एक बेटी द्वारा 38 साल काम करनेवाली माँ को फेयरवेल देने की खबर आई, दोनों एक ही कंपनी में काम करती हैं।'

यह कहानी एक युवा बेटी की है, जिसने सोमवार को ट्वीट किया, दोस्तो, कल मैं अपनी माँ को उनकी सेवानिवृत्ति के दिन लेकर उड़ान भरूँगी, जब वे एयर इंडिया में 38 साल की सेवा के बाद एयर होस्टेस के रूप में गरिमापूर्वक अपनी अंतिम उड़ान का संचालन करेंगी और मेरा सौभाग्य है कि मैं कल उनकी फर्स्ट ऑफिसर रहूँगी!

इस मंगलवार को जब बेंगलुरु-मुंबई फ्लाइट नीचे आने लगी तो पब्लिक अनाउंसमेंट सिस्टम में खड़ाखड़ाहट हुई। यात्रियों ने आमतौर पर होने वाली सावधानी संबंधी घोषणा की अपेक्षा की, किंतु इसकी बजाय कैप्टन ने कहा कि उनके चालक दल की सदस्य पूँजी चिंचणकर इस फ्लाइट के पूरा होने के साथ रिटायर हो जाएँगी और कॉकपिट में उनकी बेटी अश्रिता चिंचणकर उनकी फर्स्ट ऑफिसर के बतौर मौजूद है।

जब घोषणा हो रही थी तो पूजा विमान में बिजनेस क्लास से लेकर इकोनॉमी क्लास के अंत तक चलकर गई और हर यात्री ने उनके खुशनुमा सेवानिवृत्त जीवन की कामना करते हुए तालियाँ बजाईं। सार्वजनिक क्षेत्र में यह दृश्य अविश्वसनीय है, खासतौर पर तब जब यह ऐसी एयरलाइन हो, जिसका नाम सारे गलत कारणों और विवादों में घसीटा जाता हो। यकीन मानिए कि यदि यात्रियों को खड़े होकर

तालियाँ बजाने की अनुमति होती तो उन्होंने ऐसा ही किया होता। वहाँ मौजूद हर यात्री की बॉडी लैंग्वेज यही कह रही थी। लेकिन सीट बेल्ट बाँधकर रखने का साइन ऑन था और किसी को खड़े होकर पूजा को बधाई देने की अनुमति नहीं थी। चेहरे पर मुसकान और आँखों में आँसू लिये पूजा तालियों की गड़गड़ाहट के बीच हाथ जोड़कर 30 सेंकड तक गैलरी में चलती रही और जब वे विमान के पिछले हिस्से में पहुँचीं तो उनकी युवा सहयोगियों ने उन्हें गले लगा लिया। मैंने तालियों की ऐसी गड़गड़ाहट तब सुनी थी, जब पायलट बहुत सफाई से विमान लैंड करता था, निर्धारित समय से पहले फ्लाइट पहुँचती है या किसी मेडिकल इमरजेंसी में यात्री की जान बचाने के लिए अज्ञात जगह पर लैंडिंग करता है। बहुत कम ऐसा होता है कि किसी रिटायर हो रही एयर होस्टेस के लिए तालियाँ बजती सुनाई दें, जिसके साथ आपने ज्यादा पल नहीं बिताए हैं। यदि आप किसी के साथ करीब 12 घंटे बिताएँ तो उनका आपकी जिंदगी का अभिन्न अंग होना तय है। किसी परिचित चेहरे को विदा होते देखना हमेशा कठिन होता है, लेकिन यह तो कोई भी किसी को बहुत सारी खुशियों के साथ घर भेजने के लिए कर सकता है, फिर चाहे आप उन्हें न भी जानते हों। पूजा के लिए अपनी सेवानिवृत्ति के दिन उन यात्रियों की ओर से तालियों की गड़गड़ाहट वाले वे 30 सेंकड अविस्मरणीय रहेंगे, जिनके साथ शायद अपनी 38 साल की कामकाजी जिंदगी में उन्होंने बहुत कम वक्त गुजारा होगा। जीवन में उन्होंने कभी सोचा नहीं होगा कि पूरा विमान उनके लिए तालियाँ बजाएगा, वह भी अपनी बेटी की मौजूदगी में, जिसकी कमांड में पूरा विमान हो। यह होता है दूसरों के लिए खुशियाँ लाना!

जमीन से एयर इंडिया के आधिकारिक ट्विटर हैंडल से दिए गए जवाब में कहा गया, 'आपको और आपकी माताजी को इस विशेष उड़ान के लिए हमारी दिल से शुभकामनाएँ,' जब वे हमारे यात्रियों को समर्पण के साथ सेवाएँ देने का विशेषाधिकार आपको सौंप रही हैं। यह शानदार विरासत जारी रहेगी।

फंडा यह है कि वास्तविक खुशी भौतिक जगत् में खोजकर नहीं मिलती, बल्कि दूसरों को खुशी देकर ही मिलती है और यह बड़ा गंभीर मामला है। यदि आपको मुझ पर भरोसा न हो तो हर्ष गोयनका से पूछ लीजिए।

□

बच्चों की खातिर बाहर खाने की आदतें मैनेज कीजिए!

मेरे एक मित्र हैं, जिनकी पत्नी हफ्ते में कम-से-कम एक बार बाहर खाना खाने पर जोर देती है, जो ज्यादातर वीकेंड का दिन होता है। उनका यह भी मानना है कि हफ्ते के मध्य में कुछ विश्राम लेना चाहिए, क्योंकि दोनों कामकाजी हैं, इसलिए यह बुधवार का दिन होता है। उस दिन परिवार विभिन्न एप के जरिए भोजन का ऑर्डर देने में यकीन करता है। जबकि घर में कुक है। परिवार आर्थिक रूप से संपन्न है और बाहर खाने की आदत की उन्होंने कभी चिंता नहीं की, क्योंकि इससे उन्हें वैरायटी तो मिलती ही है, साथ रहने का भी अधिक वक्त मिल जाता है।

वे प्रायः मुझसे मिलने आते रहे हैं, लेकिन मुझे उनके मकान में हमेशा तनावभरा माहौल मिलता था। मकान परफेक्ट होने की कोशिश में अत्यधिक तनाव में रहता। मुझे हमेशा उनका मकान किसी म्यूजियम की तरह लगता, क्योंकि घर हमेशा किसी कोने में किसी प्रकार की अपूर्णता दरशाता है। उनका घर हमेशा बेदाग दिखाई देता और इस पर उन्हें बहुत गर्व था।

चूँकि पैसे की कोई समस्या नहीं थी तो उन्हें किसी चीज की चिंता नहीं थी। वे हर गतिविधि को आउटसोर्स करते और नौ साल के अंतराल में दो बच्चों के जन्म के बाद भी उनका यह सिलसिला जारी रहा। हर दृष्टि से यह एक संपूर्ण परिवार था। सबसे बड़ी लड़की और उसके बाद लड़का। बच्चे बहुत सुंदर और अपने कंप्यूटर पर स्मार्ट थे। वे कोई भी राइम गा सकते थे, लेकिन मुझे हमेशा लगता कि वे उतने सक्रिय नहीं हैं और थोड़े मोटापे की ओर झुके हुए है। चूँकि वे बच्चे थे तो टेडी बियर की तुलना में गले लगाने के अधिक योग्य थे। लेकिन निजी रूप से मैं मित्र को आगाह करता रहा।

लेकिन इस हफ्ते तो जैसे पहाड़ ही टूट पड़ा। उनकी बेटी का बचपन छीन लिया गया। मेरा मतलब है कि 5वीं कक्षा में ही उनकी बेटी की माहवारी शुरू हो गई। मैं

उन्हें लेकर अपने एक डॉक्टर मित्र के पास गया, जिन्होंने कहा कि उनके पास हर माह समय पूर्व माहवारी शुरू होने के कम-से-कम चार मामले आते हैं।

उन्होंने जो कारण बताया, वह सुनकर तो मैं अवाक् रह गया। उन्होंने कहा कि बचपन में माहवारी, निष्क्रिय जीवनशैली और खान-पान की अस्वास्थ्यकर आदतें शहरी क्षेत्रों की लड़कियों में माहवारी इतनी जल्दी शुरू होने के कारण हैं। प्रोसेस किया भोजन, डिब्बाबंद भोजन, जंक फूड या आनुवंशिक रूप से बदली गई सब्जियाँ और रासायनिक क्रियाओं से गुजरा भोजन शरीर में हार्मोन के स्तर पर बदलाव ला सकता है, जिसका नतीजा समय पूर्व माहवारी में होता है।

उन्होंने यह भी स्वीकार किया कि तनाव के कारण भी हार्मोन संबंधी बदलाव आते हैं। यदि बच्ची लगातार तनावपूर्ण माहौल में रहे तो सामान्य से जल्दी उसकी माहवारी शुरू ही सकती है। वे और अन्य डॉक्टरों का दावा है कि पालकों द्वारा अत्यधिक रसायनों वाले सौंदर्य प्रसाधनों का उपयोग, अत्यधिक हार्मोन वाला भोजन करने, गाहे-बगाहे रासायनिक रूप से बदला गया भोजन लेना, शारीरिक गतिविधियों का अभाव और प्रदूषण जैसे पर्यावरणीय तथ्य जल्दी मेनार्की (पहली माहवारी) के अन्य कारण होते हैं।

मुझे याद है, मेरे पिताजी मुझे और मेरी बहन को महीने में एक बार खाना खिलाने नागपुर के सीताबुल्दी स्थित एक साधारण से रेस्तराँ 'विश्रांति गृह' ले जाते थे। उनका वेतन मिलने के बाद ज्यादातर यह पहला रविवार होता था। हम बच्चों के लिए यह बहुप्रतिक्षित आउटिंग होती थी। मधु बड़ा और हमारे पालकों के मसाला डोसा या रवा डोसा से स्मॉल बाइट हमारा तयशुदा मेन्यू होता था। जहाँ वे फिल्टर कॉफी लेते, वहीं हमें कुछ दुकान आगे स्थित आनंद भंडार से रसगुल्ला लेने की अनुमति होती। बरसों वही मेन्यू दोहराकर भी हम उससे ऊबे नहीं। उस तय मेन्यू से अलग जाने को लेकर मेरे पिताजी की कड़ी आपत्ति थी। वे एक ही बात कहते, तुम्हारे पेट के लिए ठीक नहीं है। वह चेतावनी हमारे भीतर डर पैदा करने के लिए काफी होती, क्योंकि स्कूल के टॉयलेट कोई बहुत अच्छे नहीं थे।

> फंडा यह है कि बाहर जाकर खाने या कॉस्मेटिक्स इस्तेमाल करने जैसी आदतें एकदम बंद करने की कोई जरूरत नहीं, लेकिन अपने बच्चों की खातिर उन्हें ठीक से मैनेज करना जरूरी है।

क्यों व्यर्थ दिखावा खतरनाक होता है?

यह उन दिनों की बात है, जब टेलीफोन कनेक्शन 15 साल, गैस कनेक्शन पाँच साल और यहाँ तक कि बजाज स्कूटर हासिल करने में तीन साल लग जाते थे, क्योंकि वे दिन प्रतीक्षा सूची के ही थे। आज की पीढ़ी उन दिनों की कल्पना ही नहीं कर सकती। जब मैं पहली बार मुंबई आया तो मेरे मकान मालिक के पास टेलीफोन था और मैंने देखा कि इसके कारण इलाके में उनका बड़ा प्रभाव था।

मेरे पालकों के अलावा किसी के पास टेलीफोन नंबर नहीं था और वे भी माह में एक बार 10 बजे के बाद फोन लगाया करते थे, क्योंकि उस समय कॉल के आधे पैसे लगते थे। मुझे हमेशा वह कॉल लेने में अपराधबोध महसूस होता, क्योंकि मकान मालिक का पूरा परिवार वहाँ पाजामा पहने उनींदी आँखों से बैठा होता और मुझे फिर कॉल आने का इंतजार करते हुए देखता रहता। ईश्वर ही जानता है कि यह मुंबई की अंडा सेल में जाने जैसा अनुभव होता, जहाँ अजमल कसाब को रखा गया था, मकान मालिक का परिवार हर तरह के प्रश्न पूछता रहता, जैसे पिछले शनिवार को नीली सलवार में तुमसे मिलने आई वह लड़की कौन थी? वह इतनी देर तक वहाँ क्यों रही? इसी तरह की कई अन्य व्यक्तिगत बातों के ब्योरे वे पूछते। मुझे हमेशा यह फिक्र लगी रहती कि वे मेरे पालकों को कोई गलत जानकारी न दे दें। उसी वक्त मैंने तय कर लिया कि जब मैं पूरा घर किराए पर लूँगा तो एक फोन कनेक्शन भी लूँगा।

जब मेरी पत्नी ने दूर के उपनगर डोंबिवली में अपना पहला मकान लिया तो मैंने अपने तब के संपादक इंडिया टी.वी. के रजत शर्मा के मार्फत तत्कालीन केंद्रीय संचार मंत्री संजय सिंह से संपर्क दिखाकर सात दिन में फोन कनेक्शन हासिल कर लिया। अब तक आप यह तो समझ गए होंगे कि न तो मेरे पास मकान खरीदने के पैसे

थे और न मैं मंत्री महोदय को व्यक्तिगत रूप से जानता था। अचानक लोगों ने एक काला वायर टेलीफोन के खंभे से मेरे घर में जाते देखा और रातोरात मैं हीरो बन गया। लेकिन जब फोन लग गया तो मेरी चाल किसी राजा जैसी हो गई। लोग मेरा नंबर माँगते और दिखावे के लिए मैं दे भी देता। धीरे-धीरे उनके कॉल की संख्या हमारे कॉल्स से ज्यादा हो गई और मेरी भूमिका ऑफिस असिस्टेंट जैसी हो गई।

उन दिनों जब टेलीफोन की घंटी बजती तो लोग तत्काल जवाब नहीं देते थे। वे बालकनी में आकर आसपास निगाह डालते कि कोई देख रहा है या नहीं और फिर फोन का जवाब देते। कॉर्डलेस फोन ने तो यह अहंकार और भी बढ़ा दिया। मैं भी इस जाल में फँस गया। मैं दोपहर के वक्त ऑफिस से कई बार फोन करता, जब घर पर कोई नहीं होता था। शाम को जब मैं लौटता तो बिल्डिंग में से कोई कहता, 'पूरी दोपहर आपके फोन की घंटी बजती रही, हो सकता है, कोई आपसे संपर्क करना चाहता हो।' उनकी ऐसी बातों ने मेरे अहंकार को और फुला दिया।

लेकिन एक दिन अहंकार का यह गुब्बारा फूट गया। जिनसे ज्यादा पहचान नहीं थी, ऐसे लोगों ने भी अपने विजिटिंग कार्ड पर सी/ओ के चिह्न के साथ मेरा नंबर छपवा लिया। फोन रात 11:30 बजे बजने लगा और फोन करनेवाला यह पूछने की गुस्ताखी भी कर लेता, क्या आप इतनी जल्दी सो जाते हैं? अज्ञात लोगों के फोन से होने वाली परेशानी का बुरा असर मेरे रिश्तेदारों के फोन कॉल पर पड़ने लगा। एक रात जब पिताजी ने यह बताने के लिए कॉल किया कि कैंसर से पीड़ित मेरी माँ की तबीयत खराब होने के कारण उन्हें टाटा मेमोरियल हॉस्पिटल ले जाया गया है तो मैं फोन करने वाले पर झल्ला गया, बिना यह समझे कि ये तो मेरे पिताजी हैं। हालाँकि मैंने अपने क्रोध का कारण बाद में बताया, पर मैं शर्मिंदा था। अगले दिन मेरे पिताजी ने कहा, टेलीफोन की यह समस्या तो तुम्हीं ने पैदा की है। तुमने दिखावा किया कि तुम्हारे पास फोन है। दूसरों को दोष देने से क्या फायदा? उनकी बात कितनी सही थी। कामयाब लोग कभी अपनी खरीदी चीजों का सोशल नेटवर्किंग साइट्स पर दिखावा नहीं करते। किसी ने मुझे बताया कि आय अधिकारी आपकी सोशल पोस्ट पर निगाह रखते हैं, ताकि आपको पकड़ सकें।

फंडा यह है कि दिखावा करना किसी भी युग में खतरनाक ही होता है।

□

कभी-कभी दूसरों पर निर्भर न रहकर खुद स्थिति से निपटना चाहिए

अमिताभ बच्चन को भी कोलकाता के भोवानीपोर के 23 वर्षीय युवक अमित मोंडल को देखने के लिए अपना सिर ऊपर उठाना पड़ता, क्योंकि वह न सिर्फ गोरे रंग का खूबसूरत जवान था, बल्कि उनकी ऊँचाई भी 6.3 फीट थी! इसलिए तकनीकी रूप से यह संभव नहीं था कि 6.2 फीट ऊँचाई के अमिताभ उन्हें निगाह नीची करके देख सकें। इसलिए कॉलेज जाने वाली युवतियों का उसे मुड़कर देखना चकित नहीं करता था। हालाँकि, उसकी हरसतें उससे ऊँची नहीं थीं। वह तो सिर्फ ट्रैफिक सार्जेंट बनना चाहता था। उसके पिता धनंजय मेंडल मिस्त्री थे और माँ झारना गृहिणी। लेकिन 13 माह पहले अमित को लकवे का दौरा आया और डॉक्टरों ने बताया कि दिमाग में फूल रही रक्त वाहिका इसका कारण है। उन्होंने अमित को स्टेंट लगवाने की सलाह दी, जिसकी कीमत सात लाख रुपए थी। चूँकि उसके परिवार के पास पैसा नहीं था तो उसे सरकारी अस्पताल जाना पड़ा। जहाँ ये चीजें मुफ्त में की जाती हैं। हालाँकि बांगुर इंस्टीट्यूट ऑफ न्यूरोसाइंसेस में भरती होने के लिए उन्हें नौ माह इंतजार करना पड़ा। साउथ कोलकाता कॉलेज से कॉमर्स ग्रेजुएट अमित को इस साल 25 जनवरी को ब्रेन 'एन्यूरिज्म' के इलाज के लिए भरती किया गया। अमित के डॉक्टर डी.के. रॉय ने उसके भरती होने के लिए नोट लिखकर भेजा। उसके बाद से धनंजय अपनी फाइल की मंजूरी के लिए दत्ता के यहाँ चक्कर लगा रहे थे। आरोप है कि दत्ता ने धनंजय से 3.50 लाख रुपए की रिश्वत माँगी।

बेटे की स्थिति को न देख पा रहे धनंजय ने इंस्टीट्यूट के डायरेक्टर से मिलने की कोशिश की, लेकिन उनके निजी सहायक ने उन्हें मिलने नहीं दिया। यह मुलाकात न होने पर धनंजय ने मुख्यमंत्री ममता बनर्जी और रोगी कल्याण समिति के अध्यक्ष

मंत्री अरूप बिस्वास के निवास पर कई चक्कर लगाए। जैसे-तैसे वे मुख्यमंत्री कार्यालय से 20 मार्च, 2018 की तारीख वाला एक नोट हासिल करने में कामयाब हुए, जिसमें अधिकारियों को निर्देश दिया गया था कि अमित की जिंदगी बचाने के लिए स्टेंट देने की मंजूरी दे दी जाए। लेकिन कुछ भी नहीं हुआ। वे और उनकी पत्नी असहाय होकर रोज बेटे को तकलीफ भुगतते देखते रहते, जिसकी अंतत: लकवे के दूसरे दौरे के बाद 28 अप्रैल को मौत हो गई। जब यह खबर फैली तो मुख्यमंत्री को बहुत बुरा लगा। उन्होंने जाँच शुरू की और स्टोरकीपर को गिरफ्तार करके न्यायिक हिरासत में भेज दिया गया। अब नतीजा कुछ भी क्यों न निकले, 23 साल का वह खूबसूरत युवा हमेशा के लिए चला गया है।

इस भयंकर घटना से मुझे 2016 की एक अन्य घटना याद आई, जिसमें एक अधिकारी को रिश्वत देने के लिए 15 वर्षीय बालक को भीख माँगनी पड़ रही थी। तमिलनाडु के विल्लुपुरम के इस किशोर को पिता की मौत के बाद मिलने वाले लाभ पाने के लिए इस अधिकारी का सहयोग चाहिए था। फरवरी 2016 में पिता कोलांजी की मौत के बाद अमित का कोई नहीं था, लेकिन राज्य की किसान सामाजिक सुरक्षा योजना के तहत वह 12,500 रुपए पाने का हकदार था। किंतु जब वह प्रशासनिक अधिकारी के पास पहुँचा तो उसने तीन हजार रुपए की रिश्वत माँगी। अमित का कोई नहीं था, जो उसे इतने पैसे दे सके। इसलिए उसने एक प्रेरक कदम उठाया। उसने विल्लुपुरम की गलियों और बस स्टैंड पर भीख माँगना शुरू कर दिया और रिश्वत माँगनेवाले अधिकारी को शर्मिंदा करने के लिए उसने साथ में एक बैनर रख लिया कि वह क्यों भीख माँग रहा है! आसपास के लोगों ने उसे इस काम और प्रशासन में भ्रष्टाचार का पर्दाफाश करने के संकल्प की सराहना की। शर्मिंदा जिला प्रशासन ने तत्काल उसे भुगतान किया और उस अधिकारी को तबादला करके दंडित भी किया। कल्पना कीजिए कि यदि धनंजय या उनकी पत्नी ने अस्पताल के बाहर भीख माँगने का अमित जैसा साहस दिखाया होता तो क्या नतीजा होता!

> फंडा यह है कि जब मुश्किल परिस्थितियों से सामना हो तो व्यक्ति को बुनियादी साहस दिखाते हुए स्थिति को अपने हाथ में लेना चाहिए।